W0173473

MensSana

Über den Autor:

Martin Fieber, Jahrgang 1969, war ursprünglich in einem pharmazeutischen Unternehmen tätig. Diese Zeit wurde für ihn jedoch zum Auslöser, sich vermehrt mit spirituellen Themen auseinanderzusetzen. Seit 15 Jahren engagiert er sich im »Spirituellen Forschungskreis Bad Salzuflen«, und im Jahr 2000 gründete er den Bergkristall Verlag.

Martin Fieber (Hg.)

Das kleine Buch vom Schutz der Seele

Besuchen Sie uns im Internet: www.droemer-knaur.de
Alle Titel aus dem Bereich MensSana finden Sie im Internet unter
www.mens-sana.de

Vollständige Taschenbuchausgabe Mai 2010
Knaur Taschenbuch. Ein Unternehmen der Droemerschen Verlagsanstalt
Th. Knaur Nachf. GmbH & Co. KG, München
Copyright © 2007 Bergkristall Verlag GmbH, Bad Salzuflen
Alle Rechte vorbehalten. Das Werk darf – auch teilweise –
nur mit Genehmigung des Verlags wiedergegeben werden.
Umschlaggestaltung: ZERO Werbeagentur, München
Umschlagabbildung: FinePic®, München
Zeichnungen: Ersin Süpke, Paderborn
Satz: Adobe InDesign im Verlag
Druck und Bindung: CPI – Clausen & Bosse, Leck
Printed in Germany
ISBN 978-3-426-87471-4

2   4   5   3   1

Stellt euch immer wieder in göttliches Licht und unter den göttlichen Schutz. Bittet um göttliche Führung und wisst, dass ihr immer von positiven Geistwesen umgeben seid.

Elias

Inhaltsverzeichnis

Vorwort

Seit knapp fünfzehn Jahren kenne ich Elias schon. Seit zehn Jahren darf ich den kostbaren Belehrungen von ihm und der geistigen Welt in medialen Sitzungen beiwohnen. Vieles habe ich gelernt, vieles habe ich in mein Leben übernommen. Ohne Elias wäre ich nicht der, der ich jetzt bin, und ohne ihn wäre dieses Buch nicht zustande gekommen, auf das schon viele Leser sehnsüchtig gewartet haben. Ihm und den vielen anderen Geistwesen in »seinem« Team gebührt mein ganzer Dank.

Ich könnte unzählige Dinge aufzählen, warum mir die Lehren von Elias so ans Herz gewachsen sind. Aber eines möchte ich deutlich herausstellen: Es ist die Einfachheit, mit der er uns die geistigen Gesetze mitteilt. Es ist die kristallklare göttliche Logik, die in aller Einfachheit unsere Herzen öffnet. Elias ist kein Freund von Energiewässerchen für dieses, Amulettchen für jenes. Elias vermeidet jeglichen Schnickschnack. Ihm und seinen geistigen Freunden geht es ausschließlich um die geistige Belehrung und Höherentwicklung der Seelen. Wir Menschen brauchen für dieses Ziel Selbstdisziplin und Gewissenhaftigkeit. Die geistige Welt gibt uns dafür ihre Liebe und ihren Schutz, damit wir diesen nicht immer leichten, dafür aber erfüllenden Weg gehen können.

In diesem Buch finden Sie viele kleine und einfache Übungen für unsere tägliche Praxis, die uns die geistige Welt geschenkt hat. Ich betone wiederum die Einfachheit, weil wir gerade durch sie die freie Sicht auf das Wesent-

liche bekommen und so ihre großen Auswirkungen sehen
können.

Ich hoffe, Sie werden dieses Buch ebenso lieben und ins
Herz schließen wie ich, denn in ihm finden Sie zeitlose,
göttliche Geschenke der Wahrheit und Weisheit.

Martin Fieber

Einleitende Worte von Elias

Wir von geistiger Seite aus wünschen jedem, der dieses Buch liest, die Möglichkeit, seine eigene Seele zu erkennen, zu schützen und seinen geschützten Weg, seinen irdischen Pfad des Lernens und des Erkennens zu finden.

Elias, wer bist du?

Ich bin ein autorisiertes Geistwesen, abkommandiert von Jesus Christus, um über Medien die Wahrheit über die Existenz der geistigen Welt zu vermitteln, was ich jetzt schon seit über 40 Jahren mache. Erst im Medialen Friedenskreis Berlin und seit über 20 Jahren im Spirituellen Forschungskreis Bad Salzuflen. Ich bin ein Krieger der Wahrheit. Das letzte Mal war ich im 17. Jahrhundert in Port-Royal, Frankreich, inkarniert und besaß ein Weingut.

Warum müssen wir uns schützen?

Was muss geschützt werden?
Eure Seele muss geschützt werden. Der Geist ist die Intelligenz. Die Seele ist das Herz, das Gefühl des Geistes, und sie muss unbedingt geschützt werden.

Wovor muss man sich schützen?
Vor negativen Einflüssen und negativen Schwingungen auf diesem Planeten, vor den Schwingungen im Bereich der negativen Sphären. Wo es das positive geistige Reich gibt, gibt es auch das negative geistige Reich. Und zum anderen gibt es elektronische Schwingungen, Funkschwingungen, Erdstrahlen und dergleichen mehr, und davor sollte man sich ebenfalls schützen. Nur wichtig ist, und dies hat oberste Priorität, egal vor was oder vor wem ich mich schützen möchte, daran zu glauben, mich selber schützen zu müssen. Das ist das oberste Gesetz. Ohne das geht es nicht. Ich kann mich nicht aus einer Floskel heraus schützen, nur weil ich gelesen habe: »Ich schütze mich, ich schütze mich.« Es ist immer wichtig, den wahren Hintergrund zu haben: »Ich möchte mich hier vor negativen Beeinflussungen, Schwingungen, Strahlungen schützen. Ich weiß, dass diese existent sind und dass diese meinen Körper und meine Seele belasten können.«

Was bedeutet negative Welt, negative Sphären?
Es gibt eine positive geistige Welt und eine negative geistige Welt. Sphären sind der Bereich, in dem sich die Geist-

wesen im Jenseits aufhalten. Wir leben im positiven geistigen Reich, wir leben im Licht. Aber es gibt negative Seelen, in der Dunkelheit verharrende Geistwesen, die versuchen, an die positiven Schwingungen zu kommen, die ein Mensch, der positiv lebt, ausstrahlt. Diese verirrten Seelen brauchen positive Schwingungen, um diese für sich in negative Energie umzuwandeln, um weiter in ihren dunklen Sphären existieren zu können, und um weiterhin das Positive zu zerstören. Sicherlich ist dem einen oder anderen schon einmal aufgefallen, dass es das folgende Gesetz gibt: Dort, wo etwas Gutes entsteht, kann das Negative nicht fern sein, das versucht, das Gute zu zerstören.

Gibt es verschiedene Grade der Dunkelheit?
Ja. Es gibt eine Dunkelheit, die bewusst zerstört, und eine Dunkelheit, die einfach nur existent ist, die gar nicht in ihrem Bewusstsein hat, dass sie existent ist und lebt. Dies sind dann die mehr oder weniger irrenden Seelen, die dann aber einen negativen Charakter oder einen negativen Zug haben.

Was ist die Aufgabe der positiven geistigen Welt?
Die Aufgabe der positiven geistigen Welt besteht zum einen darin, diesen Planeten Erde, der ein Läuterungsplanet ist, zu schützen, damit positive Seelen inkarnieren können. Zum anderen die positiven Seelen zu beschützen und sie von den Negativschwingungen so gut es geht fernzuhalten. Aber wir beschützen nur dann, wenn wir den Auftrag von Gott bekommen, oder aber, wenn wir die Einladung der einzelnen Menschen bekommen, sie beschützen zu dürfen.

Jesus Christus hat nach seiner Rückkehr in das geistige Reich den Schutzpatron in das irdische Leben gerufen. Die Menschen, die davor auf der Erde gelebt hatten, hatten keinen persönlichen Schutzpatron. Stimmt dies?
Ja, das ist richtig.

Wie hat sich der negative Einfluss auf der Erde in den letzten Jahrhunderten verändert?
Von dem Moment der Geburt von Jesus Christus an hat es sich verändert, weil dadurch Luzifer in einen Kampf gegen das Licht ging. Davor hatte er sozusagen leichteres Spiel. Seitdem müssen die Seelen vermehrt geschützt werden.

Aha. Mit der Entscheidung, zu inkarnieren, hat Jesus Christus Luzifer herausgefordert?
Richtig. Und da begann die Harmagedonschlacht auf der Erde, also der Kampf zwischen dem Licht und der Dunkelheit.

Der Schutzpatron

Was ist ein Schutzpatron? Und was ist seine Aufgabe?
Der Schutzpatron ist eine sehr vertraute Seele, die ihr sehr gut kennt. Der Schutzpatron ist immer an eurer Seite. Er ist einer der besten Freunde, die ihr überhaupt habt. Ein Schutzpatron hat die Aufgabe, die Seele, die im Irdischen inkarniert, von dem Moment an zu begleiten, in dem die Inkarnation stattfindet, bis zu dem Moment, in dem die Seele den Körper ablegt. Er hat den Auftrag, den Geist und die Seele zu inspirieren oder zu beeinflussen, etwas nicht zu tun oder etwas zu überdenken oder eine Handlungsweise zurückzunehmen, Worte, die gesprochen wurden, die vielleicht einen negativen Charakter haben, zu lassen oder sich zu entschuldigen. Er hat auf der anderen Seite die Aufgabe, die Seele zu behüten, zu beschützen. Außerdem schreibt der Schutzpatron das irdische Seelenbuch der zu betreuenden Seele. Das heißt, es wird alles notiert, was im irdischen Leben geschehen ist. Bevor die Seele dann zum karmischen Rat geht, übergibt der Schutzpatron dem karmischen Rat dieses Buch. *(Ausführliche Informationen zum Thema Seelenbuch steht in »Dein Seelenbuch – das wichtigste Buch deines Lebens«, Martin Fieber (Hrsg.).)*

Was ist der karmische Rat?
Der karmische Rat ist eine höhere Instanz, bestehend aus Lichtträgern, die mit der Seele, die gerade ins geistige Reich gekommen ist, über die vergangene Inkarnation sprechen. Der Seele wird die vergangene Inkarnation

noch einmal gezeigt, und dann wird über einige Lebens-
stationen gesprochen, die für die Entwicklung der Seele
im geistigen Reich letztlich nicht gut waren. Die Seele
selbst entscheidet dann im geistigen Reich den weiteren
Entwicklungsweg.

Begleitet uns auf geistiger Seite nur unser Schutzpatron?
Wenn ihr inkarniert, habt ihr einen Schutzpatron oder,
wie ihr auch öfters sagt, einen Schutzengel. Des Weiteren
gehören auch ein Geistlehrer und ein Geistführer zu eurer
Begleitung. Diese beiden Geistwesen achten auf eure Entwicklung im Irdischen. Der Schutzpatron ist die ausfüh-
rende Seele, die versucht, euch anzuleiten, zu führen und
zu schützen. Aber immer in Absprache mit den beiden
anderen.

*Kann ein Schutzpatron auch schützen, ohne dass er um Schutz
gebeten wurde?*
Ja, das darf er.

Ein Schutzpatron schützt immer?
Ja, außer er darf nicht eingreifen. Dann ist es aber wiederum so zu sehen, dass das Karma, das Schicksal, welches
bestimmt gewesen ist, seinen Lauf nimmt. Wenn zum Beispiel Kinder sehr früh diesen Planeten wieder verlassen,
dann ist es deren Bestimmung. Weiter brauchten sie auf
diesem Läuterungsplaneten nicht zu gehen. Ihre Seelen
können sich dann im Geistigen viel schneller und besser
entwickeln. Nur ist von den Menschen, die zurückbleiben
und trauern, das Verständnis und der Glaube an dieses
Schicksal schwer aufzubringen.

Wir bereiten den Schutzpatronen viel zusätzliche Arbeit, oder?
Bedenkt einmal die schwere Arbeit eines Schutzpatrons.
Ein Kind ist dabei, sich zu verbrühen, oder steckt seine
Fingerchen zwischen einen Türspalt. Ein Arbeiter will
nach einem Lappen in einer laufenden Maschine greifen.
Ein Mensch stirbt im Feuer und vieles andere mehr. Der
Schutzpatron muss im Bruchteil einer Sekunde bereit sein,
um das Unglück abzuwenden. Er muss geistig einwirken.
Ihr wäret alle schon in unserem Reich, wenn die Schutzpatrone nicht wären, die euch genau kennen, jeden win-
zigen Gedanken mithören.
Glaubt niemals, dass ihr allein seid, nicht eine Sekunde
seid ihr unbewacht. Wir begleiten euch bei jedem Schritt
und Tritt. Wir versuchen, euch zu warnen, aber leider
hört ihr nur selten auf unsere Warnungen und auf unsere
Mahnungen. Jeder von euch hat seinen persönlichen
Schutzpatron, und dieser kennt euch genau, er ist gewis-
sermaßen mit euch verwachsen. Er lacht und weint mit
euch. Er nimmt alle eure Gefühlsäußerungen auf. Doch
wenn ihr euch mit anderen Menschen nicht mitfreuen
könnt und ihnen nichts Gutes gönnt, dann wird dieser
Schutzpatron schwer gekränkt und ist unendlich ent-
täuscht und traurig.

Das Schließen der Chakren

Was sind Chakren?
Chakren sind Energiequellen, Energiezentren, die über euren Körper verteilt sind. Diese Energiequellen werden von uns, von geistiger Seite aus, wenn sie geöffnet sind, mit Energie versorgt. Die Chakren sind für den Energiekreislauf zuständig, der für den Körper wichtig ist, um in seiner positiven Energie zu bleiben.

Wie schließt man die Chakren?
Ihr führt die Arme vor dem Körper vom Basischakra hoch zum Kronenchakra bis hinter den Kopf in den Nacken. Führt die Arme an der Seite zurück zum Basischakra. Führt dies zweimal durch. Einmal mit den Worten »Ich schließe meine Chakren« und ein zweites Mal hinterher mit den Worten »Meine Chakren sind geschlossen«.

Wann sollte man seine Chakren schließen?
Auf jeden Fall nach dem Aufstehen früh am Morgen. Wichtig ist es auch, bevor man abends wieder ins Bett geht. Mit geschlossenen Chakren habt ihr eine ruhigere Nacht. Und sonst, wenn ihr daran denkt. Zum Beispiel wenn ihr Menschen trefft, von denen ihr wisst, dass sie euch nicht guttun. Oder wenn ihr einen Platz aufsucht, wo sich viele Menschen befinden. Dann ist dies auch sinnvoll.

Die folgenden Seiten zeigen das Chakren-Schließen von vorne und von der Seite. Es ist eine durchgängige und ruhige Bewegung.

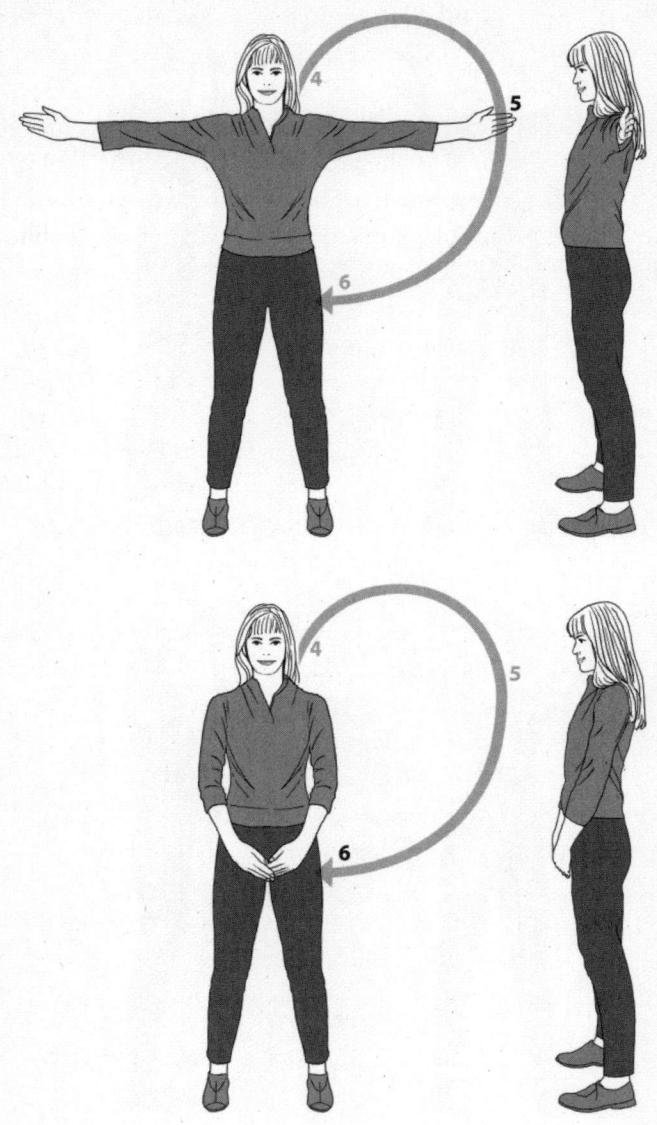

Warum müssen die Chakren geschlossen werden?

Weil die negative Seite diese Farbspiele sieht, die von euren Chakren ausgestrahlt werden, und sie möchten an diese Energiequelle herankommen. Und somit kann es dann durch geöffnete Chakren zu Energieentzug oder gar zu Besetzungen kommen, da die irrenden Seelen dann in diese Energie, in diese Aura, die jeder Mensch ausstrahlt, hineingehen und Schaden anrichten. Viele gute Menschen geben ihre Energie an einen anderen Menschen ab, der nicht positiv eingestellt ist.

Es ist ja genauso mit den Worten. Positive Worte – negative Worte. Wenn ich jemandem positive Worte sage, kommen sie gut an. Sage ich negative Worte, gehen sie sofort in den Energiezyklus hinein, und die Energie flacht ab. Genauso ist es unter den Menschen, wenn man sich streitet. Darum sage ich ja immer, versucht, harmonisch miteinander umzugehen.

Schütze ich mich durch das Chakren-Schließen nur vor negativen Einflüssen oder auch vor positiven?

Die positiven Energien kommen immer durch, genauso wie das Licht immer die Dunkelheit erhellt. Dein Schutzpatron und deine andere positive geistige Begleitung kommen durch. Das Chakren-Schließen hat hauptsächlich den Grund, vor äußeren Einflüssen geschützt zu sein. Das sind Schwingungen anderer Menschen, Gefühle anderer Menschen, Negativbelastungen, schädliche Strahlungen, Negativeinflüsse, Negativschwingungen.

Wenn man die Chakren regelmäßig schließen sollte, heißt das, dass sie sich regelmäßig nach einer gewissen Zeit wieder öffnen?
Ja, das stimmt.

Wie lässt sich das Chakren-Schließen mit der Einstellung vereinbaren, anderen Menschen mit Offenheit zu begegnen?
Das Chakren-Schließen heißt ja nicht, dass eine Panzerplatte vorgeschoben wird, sondern es wird ein Sieb vorgesetzt. Die positiven Energien, die über den Körper, über die Aura zu dem anderen ausstrahlen sollen, dürfen durchgelassen werden. Die Offenheit anderen Menschen gegenüber soll ja bleiben.

Vollmond

Warum muss man sich gerade in der Vollmondzeit schützen?
Das Thema Vollmond wird auf der Erde sehr unterschiedlich betrachtet. Aber diese Vollmondzeit ist für euch nicht ungefährlich. Also, es ist natürlich immer wieder in jedem Erdenbereich an verschiedenen Orten Vollmond. So, in den Bereichen, wo gerade dieser Vollmond ist, wird die Strahlung der Sonne in Form von reflektierten Lichtern vom Mond auf diesen Planeten zurückgeworfen. Und diese Lichter werden von der negativen Welt als Energiequellen benutzt, da sie sonst wenig Möglichkeit haben, genau an diese reflektierten Mond-Sonnen-Energien zu kommen. So, und damit steigt der Pegel der negativen Schwingungen, wobei dann bei den Menschen, die eine sensible Antenne haben oder die eine gewisse Form der Sensibilität besitzen, diese aggressiven Schwingungen ankommen und sie depressiv, traurig, aggressiv und krank machen können.

Also, der Mond reflektiert das Sonnenlicht? Das Sonnenlicht an sich hat eine positive Kraft?
Ja. Bei Tag, wenn also hier der Tag anbricht und das normale Sonnenlicht direkt auf den Planeten Erde scheint, ist das Licht etwas positiv Kraftvolles, aber wenn dieses Licht vom Mond reflektiert wird und wieder auf die Erde zurückscheint, wirkt es gegensätzlich.

Es gibt viele Kulturen, die in der Vollmondzeit Rituale und Feste feiern. Das war ja schon immer so. Wie siehst du das jetzt in dem Zusammenhang?

Dort ist die Energiefrequenz am höchsten. Der Schwingungspegel ist dann am höchsten, natürlich auch die Aufnahmebereitschaft. Und dadurch haben viele Kulturen wie die nordamerikanischen Indianer, wie die Inkas natürlich ihre Erfolge erzielt.

Also vor zweitausend Jahren, vor dem Beginn der Harmagedonschlacht, war das Mondlicht wohl auch eine positive Kraft?

Ja, richtig, damals war die negative Seite nicht so kraftvoll wie heute.

Worauf sollen wir bei Vollmond achten?

Passt auf die zwei Tage vor Vollmond, auf den Vollmondtag selbst und auf die zwei Tage nach Vollmond auf. Meditiert in dieser Zeit auf keinen Fall, und meidet Seminare, denn andere Menschen sind in dieser Zeit sehr unausgeglichen, um es gelinde zu sagen, und können euch dadurch sehr schaden.

Das Schließen der Aura

Was ist die Aura des Menschen?
Die Aura des Menschen ist das, was die Seele, die im Körper sitzt, zusammen mit den Chakren, den Energiezentren, ausstrahlt. Und das geht über den Körper etwa einen Meter hinaus.

Wie schließt man seine Aura?
Anfänglich geht ihr in die Hocke und führt die Hände vor eurem Körper in die Höhe. Die Handflächen zeigen jetzt nach oben. Dann führt die ausgestreckten Arme seitwärts am Körper herab, bis zum Boden. Die Handflächen sind nach außen gerichtet, so, als wenn man eine Hülle von innen glatt streicht. Diese Symbolik kann man mit den Worten »Ich schließe die Löcher meiner Aura« oder »Ich schließe (den eigenen Namen)« und abschließend »Meine Aura ist geschlossen« unterstützen.

Warum muss die ganze Aura geschlossen werden? Und wann?
Es gibt nur einzelne Momente, zum Beispiel wenn Besetzungen aus der Aura herausgeholt werden. Durch das Entfernen der störenden Einflüsse entstehen Energielöcher. Der Mensch mit seiner Seele kann dann durch diese Übung mithelfen, die gesamte Aura wieder zu schließen. Diese Löcher zu schließen und sie mit guter Energie aufzufüllen. Wenn ich euch jetzt hier ein Stück französischen Camembert hinlege und ihr würdet dort nicht mit einem Messer zaghaft eine dünne Scheibe abschneiden, sondern ihr würdet einfach den Käse in die Hand nehmen und hineinbeißen. So, dann ist ein Loch entstanden. Ja? So ähnlich ist es zu sehen, wenn Besetzungen in der Aura stattgefunden haben. Diese verirrten Seelen haben sich in die Aura hineingesetzt, und wir ziehen sie wieder heraus. Und jetzt muss die Aura geschlossen werden. Das ist dann ganz wichtig. Natürlich können wir dies auch, nur es dauert länger und es ist besser, wenn der Mensch es im Bewusstsein hat und darum weiß, dann kann er selbst mithelfen.

Wie wirken sich Ängste auf die Aura, auf die Seele aus?
Negativ. Es kommt allerdings darauf an, um welche Ängste es sich handelt. Es gibt eine Vielzahl von Ängsten. Nehmen wir ein Beispiel. Ein Mensch hat Angst, einen Fahrstuhl zu benutzen. Das wirkt sich dann auf die Seele, auf den gesamten Energiebereich logischerweise negativ aus und raubt positive Energie. Damit wird der Mensch noch energieloser. Hat ein Mensch Angst vor dem Hinüberwechseln in das geistige Reich, weil er glaubt, danach geht es nicht weiter, es gibt kein Jenseits, es gibt gar nichts, es

gibt keine Seele, dann ist natürlich die Angst sehr groß, und dann kann es sogar passieren, dass der Sterbeprozess viel schneller vonstattengeht, als er für die Seele vielleicht vorgesehen war. Dann wirkt die Angst zerstörerisch. Wobei auf der anderen Seite die normale, alltägliche Angst neutral ist. Also eine Angst, nicht wachsam genug zu sein, oder die Angst, die Straße zu überqueren, weil zu viele Autos fahren, das sind warnende Ängste, die dann wieder in das Bewusstsein kommen und den Geist und die Seele wachrütteln. »Neutrale« Ängste bedeutet, sie haben einen hohen Stellenwert, weil sie uns schützen, aber keine störende und schwächende Wirkung haben. Diese Ängste sind existent und gleichbleibend auf gleichem Niveau. Außer der Mensch würde irgendwann diese Ängste immer weiter vergrößern und hätte dann Angst, nicht nur die Straße zu überqueren, oder Angst vor den Autos, sondern auch dann wieder Angst, das Haus zu verlassen. Dann wäre es wieder eine Angst, die eine gesteigerte Form ausdrückt, und die raubt dann wieder Energie.

Müssen Menschen die Aura schließen, wenn sich negative Geistwesen in ihrer Wohnung aufhalten und die Bewohner angreifen? Wenn ein direkter Angriff stattfindet, dann muss die Aura unbedingt geschlossen werden. Aber in Ausnahmefällen übernimmt dann auch der Schutzpatron das Schließen der Aura.

Das Gebet

Wie wirken Gebete?
Gebete haben immer einen positiven Aspekt. Gebete sollen oder müssen nicht laut gesprochen werden, sondern sie können auch in Gedanken in Vereinbarung mit der Seele gesprochen werden und setzen dann wieder den Schutzpatron, den Geistführer und den Geistlehrer in Bewegung, etwas für diese Seele zu tun, diese Gebete zum Beispiel weiterzugeben an höhere Stellen, wo dann eine Hilfestellung wiederum an den Geistführer, an den Geistlehrer oder an den Schutzpatron gegeben werden kann, die dann im Leben des Schützlings manche Dinge so führen, die ihr dann »Zufall« nennt. Eure geistige Führung bekommt durch die Gebete Kraft, um Türen zu öffnen, durch die ihr gehen könnt, die vorher noch verschlossen waren.

Und die Aura, die uns schützt, wird gleichzeitig gestärkt?
Ja, richtig.

Wie betet man richtig?
Betet, weil ihr danach strebt, euch mit dem Höchsten, das für euch erreichbar ist, in Einklang zu bringen, nämlich mit Gott. Das Gebet ist auch ein Mittel der Selbstkontrolle. Es gibt euch die Möglichkeit, euch auf das Sehen zu konzentrieren und den Scheinwerfer der Selbstkritik nach innen suchen zu lassen. Das wirkliche Gebet besteht nicht im Bitten nach Erfüllung selbstsüchtiger Motive. Gott

kennt alle eure unausgesprochenen Gedanken. Alle eure Sorgen und Nöte sind Ihm bekannt, noch ehe ihr sie zum Ausdruck bringen könnt. Selbstsüchtiges Beten ist nur eine Zeitverschwendung sowie eine Verschwendung von Worten und mentaler Energie, denn es hat keine Macht und erzielt keinen Erfolg. Wenn ein Mensch in aller Aufrichtigkeit wünscht, für einen großen Dienst bereit zu sein, aber bei einem Blick nach innen erkennt, dass er dazu zu schwach und zu unvollkommen ist, aber um Mut und Stärkung zur Erfüllung dieses Dienstes bittet, dann wird das Gebet das Gewünschte gewähren, und alles wird sich zum Guten wenden.

Wer empfängt im geistigen Reich unser Gebet?
Jedes Gebet von euch wird zuerst vom jenseitigen Gedankenträger, nämlich von dem Schutzpatron wahrgenommen. Wenn ein Gebet von Herzen kommt und sinnvoll ist, dann kann der Schutzpatron dieses Gebet weiterleiten. Ein Engel kann dann darüber entscheiden. Hat ein Gebet keinen Wert, so wird es überhört, weil die Schwingungszahl zu niedrig ist.

Die Meditation

Wie wirkt Meditation?

Meditation ist ein Zusammenspiel zwischen Geist, Seele, dem Kosmos und dem geistigen Reich. Es kommt immer darauf an, wie weit die Seele sich dann öffnet und wie weit eine Meditation in die Seele, in das Geschehen eingreifen kann und wie weit sich die Bilder dann auch öffnen dürfen und öffnen können. Eine Meditation, sei es jetzt eine geführte Meditation oder eine eigene Meditation, soll immer den Sinn haben, zu sich selbst zu finden. Aber ihr solltet vorher immer um Schutz bitten und nach der Meditation eure Chakren schließen. Dies ist ganz wichtig.

Was ist die beste Meditation?

Geisteswissenschaftler haben schon richtig erkannt, dass der strebende Mensch Meditation braucht, um über schwierige Probleme nachzudenken. Doch viele Menschen wissen nicht, worüber sie meditieren sollen. Nun, das ist einfach. Es gibt keine bessere Meditation als eine Selbstkontrolle, das heißt, das Nachdenken über sich selbst, um ein besserer Mensch zu werden. Je öfter man diese Selbstkontrolle übt, je mehr man erkennt, wie man ist, umso mehr sieht man die eigenen Fehler. Aber darüber hinaus erkennt man auch die Fehler anderer, die man besser einstufen kann und sich somit viel Ärger ersparen kann. Selbstkontrolle ist die beste Religion, die es gibt. Sie bringt unbedingt einen Fortschritt, aber man muss ehrlich mit sich selbst sein. Und offen für Inspirationen aus dem geistigen Reich.

Was ist eigentlich der Unterschied zwischen Inspiration und Intuition, die ja bei der Meditation auch geschult wird?
Die Inspiration ist kein selbständiges Denken, kein eigener Einfall, der im Schlafe kommt oder spontan auftritt, kein plötzlicher, unkontrollierter Gedankenblitz. Die Inspiration ist eine übersinnliche Stimme, die aus der geistigen Welt kommt und von der Seele erfasst und verstanden wird. Es ist eine Telepathie zwischen Diesseits und Jenseits. Es ist ein bedeutsames Phänomen. Es handelt sich dabei um eine mit dem inneren Ohr gehörte Stimme, die sich zwischen die Gedanken schaltet. Die Inspiration ist eine absolut erkennbare und schallwellenlose Stimme, die jeden Laut und jede Silbe deutlich ausspricht.
Die Intuition ist eine unbewusste, unkontrollierte Stimme, die sich hauptsächlich gefühlsmäßig einschaltet, ohne dass sie dem Hörer als fremde Stimme bewusst wird. Der Intuitive glaubt, selbst den genialen Einfall gehabt zu haben. Der plötzliche Gedankenreichtum, der neue Erkenntnisse enthält, wird als eigenes Produkt empfunden. Dieser letzte Fall wird zumeist mit der Inspiration verwechselt, und darum ist die echte Verbalinspiration in Verruf gekommen. Man hat nämlich die echten Inspirationen deshalb leichtsinnigerweise oft als Fälschung oder als Resultat einer krankhaften Bewusstseinsspaltung angesehen.

Die »Ich Bin Ich«-Übung

Was ist das »Ich Bin«?

Das »Ich Bin« ist die Seele. Ich Bin. Das heißt, wenn ich in einem Körper mit meiner Seele bin, kommt es darauf an, welchen Raum gebe ich der Seele in diesem Körper. Lasse ich die Seele groß sein, dann ist das »Ich Bin« vorhanden, dann bin ich präsent, dann stehe ich im Leben und bin bereit, meine irdischen Aufgaben zu bewältigen. Wenn jetzt aber die Seele ein verschrecktes, irrendes Wesen im Körper ist, klein und zurückgezogen, dann ist das »Ich Bin« in dem Sinn genauso klein und ist dann wiederum von der negativen Seite angreifbar. Wenn ich aber mein »Ich Bin« leben lasse, dann bin ich die Seele, die sich bereit erklärt hat, in dieser Inkarnation durch dieses Leben zu gehen. Das heißt »Ich Bin«.

Breite die Arme waagrecht aus und fühle, wie deine Seele um und in dir größer wird. Dann führe die Hände auf dein Herz und sprich, laut oder still, aber mit deinem ganzen Bewusstsein: »Ich Bin Ich!« Fühle, wie sich deine Seele dadurch weiter ausbreitet und größer wird.

Erkläre bitte die »Ich Bin Ich«-Übung.

Die »Ich Bin Ich«-Übung ist eine Zusage zu deiner eigenen Seele. Ein Ja zu dir selbst. Das hat nichts mit dem negativen Egoismus zu tun, sondern mit dem positiven. Einfach nur dich im Spiegel ansehen und sagen: »Ich bin ich, ich bin ein Teil des göttlichen Seins!« Und wenn du dies in deinem Bewusstsein hast und dies verankern kannst, und Geist und Seele dies miteinander verbinden können, dann wirst du dir selbst bewusster. Und wenn der Geist nicht dagegenspricht und sagt: »Wer bist du schon?«, dann antworte immer wieder: »Ich Bin Ich.« Das Ziel ist, dass deine Seele vom gesamten Volumen her sich in deinem Körper und darüber hinaus ausbreiten kann, dass die Aura strahlen kann, und die Probleme lösen sich dann auf. »Ich Bin Ich« bedeutet auch eine Befreiung und eine Entfaltung deiner Seele. Dir bewusst zu sein, dass du ein wichtiges Mitglied im göttlichen Geschehen bist. Gebe dir diese Anerkennung auch selbst und sei dankbar, dass du lebst. Und wenn du dir dessen bewusst bist, kannst du beginnen, dich zu entfalten, zu leben, die Dinge zu tun, die du möchtest, und vor allem auch mal »nein« zu sagen, wenn du irgendetwas nicht möchtest.

Und wie immer ist es wichtig, danach die Chakren zu schließen.

Hilft mir diese Übung, mich selbst mehr zu lieben?

Natürlich. Sie hilft dir, dich so anzunehmen, wie du bist. Und stelle dich auch vor den Spiegel und spreche mit deinem Inneren. Erkenne dich an und sage auch: »Ich liebe mich.« Und nehme dich so an, wie du bist. Es ist genauso mit dem »Ich Bin Ich«. Dies hat nichts mit dem provozierenden, negativen Egoismus zu tun. Es ist vielmehr eine bewusste Verbindung zwischen Geist und Seele. Das Anerkennen deines eigenen Seins. Zu deiner Seele, zu deinem Geist, zu deinem Körper. Und wenn du dieses zulassen kannst und sagen kannst: »Ich bin ich, ich liebe mich, ich bin! Mit all meinem äußeren Erscheinungsbild«, dann ist dies schon ein Stück an Selbstbewusstsein, das gerade gewachsen ist. Und auch eine Wertschätzung des eigenen Seins, ohne dass du dir von einem anderen ein Minderwertigkeitsgefühl aufschwatzen lässt. Menschen untereinander können sehr gemein und grausam sein. Manche Menschen haben die Begabung, schnell herauszufinden, wann welcher Mensch wo zu verletzen ist, wie und mit welchen Worten. Und dies wird dann ausgespielt und benutzt. Davon solltest du dich freisprechen und es erst gar nicht zulassen oder dich nicht von ihnen benutzen lassen, sondern in deine eigene freie Willensentscheidung kommen. In solchen Situationen und bei solchen Menschen schließe bitte die Chakren und komme tief in dein »Ich Bin Ich«.

Wenn ich mich im Spiegel anschaue, sehe ich nur die Pickel.
Es ist egal, ob du rechts oder links oder in der Mitte einen Pickel hast, wenn du in dein Spiegelbild schaust. Es ist uninteressant. Und selbst wenn da fünf Pickel sind, es ist uninteressant. Die Augen sind der Spiegel der Seele. Schau dich an und sag: »Ja!« Einfach nur: »Ja!« Das ist dann die Liebe zu dir. Und selbst wenn die Pickel aussehen wie Pfannkuchen, es interessiert nicht. Eine wahre Schönheit ist nur im Inneren, nicht im Außen. Wenn du nur dein Spiegelbild anschaust und sagst: »Oh ja, ich bin schön«, das

ist Eitelkeit. Und wenn du schreist: »Hilfe, ich habe einen Pickel«, das ist auch Eitelkeit. Wenn du dich im Spiegel anschaust und sagst: »Ich liebe mich!«, und dir dabei direkt in die Augen schaust, so gibt es ein Anheben des Selbstwertgefühls und der Selbstliebe. Die Seele fühlt sich angesprochen und ist wieder präsent, sie ist dann wieder da. Schon können wir dich wieder besser abschützen.

Elias, ich habe immer das Gefühl, dass ich mich nicht ganz sehe.
Wenn du dich nicht ganz siehst, dann bringst du dich auch nicht in dieses Lebensgeschehen ein. Und dort ist es dann so, dass deine Seele sich zurückzieht und auch dieses Problem hat, nicht gesehen zu werden. Auch dir würde ich die »Ich Bin Ich«-Übung vorschlagen. Bevor du den Tag beginnst, mache die Übung und schau dich danach im Spiegel an und sage dir selber »Guten Morgen«.

Welche weiteren Schutzübungen gibt es?
Zum Beispiel die »Grüne Haube«. Ihr legt gedanklich eine grüne Haube um das, was geschützt werden sollte.
Dann gibt es die Reiseengel, die für den Schutz des Reisens sorgen. Das heißt, wenn ihr euch auf den Straßen bewegt oder eine längere Reise vor euch habt, dass ihr dann darum bitten könnt, dass die Reiseengel euch begleiten. Das sind dann in dem Sinne keine Engel mit Flügeln, sondern auch Geistwesen, die dann aufpassen, dass in allen Bereichen vorne, hinten, seitwärts, oben, unten, alles seinen positiven Weg nimmt. Dies kann natürlich bewusst geschehen, es kann auch für viele unbewusst geschehen. Das heißt, es kommt immer auf die Seele an. Viele Seelen wissen gar nicht, wie sehr sie mit dem Geistigen verbunden sind. Diese Seelen bitten ganz intuitiv um Schutz für die Reise.

Kann man nur für sich selbst bitten oder auch für andere?
Man kann darum bitten. Aber wenn man auf Reisen geht, sollte man schon selber darum bitten.

Habt ihr einen schnellen Schutz parat, wenn man selbst nicht mehr die Zeit hat, sich zu schützen?
Es gibt noch eine gute schnelle Schutzmöglichkeit. Da ihr alle auf der Erde seid, um etwas zu lernen und auch von geistiger Seite geprüft zu werden, werden gewisse Situationen, die für euch zum Lernen dienen, zugelassen. Der

Lerninhalt sollte sein, die innere Ruhe und Gelassenheit zu bewahren. Und mit Angriffen jeglicher Art im Positiven umzugehen und keinerlei Emotionen aufkommen zu lassen. Fühlt ihr euch angegriffen, schließt den Daumen und den Zeigefinger der beiden Hände und gebt in euer Bewusstsein direkt ein: »Ich schütze mich, an mich kommt nichts Negatives heran. Meine Seele ist geschützt.« Und wichtig ist, die Gelassenheit, die innere Gelassenheit zu lernen. Nicht die Gleichgültigkeit. Und sich immer wieder darüber bewusst zu sein, dass man vom Positiven geschützt ist.

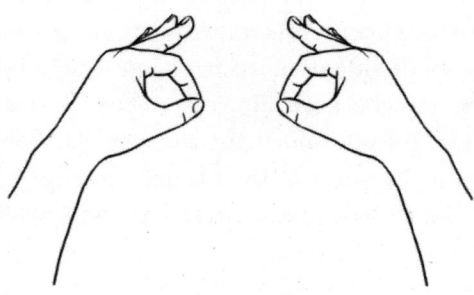

Was haltet ihr von Reiki?
Reiki ist eine wichtige und heilsame Energie für eure Seelen und für eure Körper, euch selbst in einen Ausgleich zu bringen. Reiki bedeutet ebenfalls, eine Verbindung von der eigenen Seele zum Kosmos, zum geistigen Reich herzustellen. Reiki hilft, das eigene Seelenpotenzial wiederzufinden. Und denkt daran, mit Reiki I beginnt zuerst langsam ein Kanal sich zu öffnen, mit Reiki II wird dieser Kanal schon zu einem Strom. Und bei Reiki III vereint man alle Meere in sich. Reiki hilft, im Leben ein höheres Kraftpotenzial zu bekommen und sich dadurch besser vor negativen Schwingungen zu schützen.

Es gibt ja diverse schädliche Strahlungen, die auf uns einstürmen, zum Beispiel die vielen Handys. Und ich weiß nicht, welche Schäden diese anrichten. Wie kann man sich davor schützen?
Wenn Energien einfließen, die eine Form von Strom mit sich führen, so kannst du dies aus deinem Gedankenimpuls in positive Energie umwandeln, indem du den Tag beginnst und dich schützt. Indem du sagst: »Alles, was heute auf mich zukommt, wandele ich in meiner Aura um.« Ja? Es ist ein Schutzwall, der aufgebaut werden kann. Es funktioniert allerdings nicht sofort, man sollte dies schon trainieren.

Eine weitere Möglichkeit, eine innere Stabilität aufzubauen, ist die, sich morgens um 8.00 Uhr oder abends um 20.00 Uhr für 15 Minuten mit den Mitarbeitern vom geistigen Reich zu verbinden. Dann sind wir mit unseren Geisthelfern bei den Menschen unterwegs, die uns rufen. Wir setzen Boten ein. Alle Helfer bekommen Instruktionen, wie weit kosmische Energie übermittelt werden soll und darf. Öffnet eure Kanäle für 15 Minuten. Am besten wäre es, wenn ihr entspannt sitzt oder liegt. Am besten ohne Musik und ohne euch abzulenken. Konzentriert euch nur auf euch, und dass wir kosmische Energie übermitteln.

Energie-Vampirismus

Beschreibe die Energien, wie es aussieht, wenn andere Menschen uns Energien abziehen.

Es sieht schlimm aus. Ich versuche es mal in folgenden Situationen zu erklären. Wenn ein Mensch, der positiv eingestellt ist, zu einer Sitzung mit uns kommt, ein Mensch, der von der geistigen Welt Antworten erwartet, die wir ihm aber nicht geben dürfen, komme ich in einen Konflikt. Ich muss diesem Menschen sagen, dass ich keine Antwort geben darf. Dann kann dies zum Beispiel ganz schnell in eine negative Form umschlagen. Und wir haben dann ganz schnell einen negativ denkenden Menschen in einer Sitzung. Nur weil ich seinen Wünschen, die er an mich gerichtet hat, nicht nachkommen konnte, wobei ich mich immer wieder bemühe, alle Antworten, soweit es mir möglich ist, geben zu können und auch zu dürfen. So, dann kann es zum Beispiel zu negativen Energien kommen, und dies kann dann zum Beispiel in einer Sitzung den gesamten Ablauf stören.

Was für Energie gibt dieser Mensch ab?

Er sprüht dann in dem Moment seinen Groll gegen mich. Du musst dir dann vorstellen, dann kommen schwarze, dunkle Wolken, wo vorher noch ein blauer Himmel war. So, und diese schwarzen, dunklen Wolken greifen dann das Blau weg und nehmen es ein. Es reicht dazu ein einziger Mensch.

Wo werden diese Energien bei uns abgezapft?
Aus der Aura und aus den Chakren.

Aus allen Chakren?
Ja. Denn wenn auch nur eines offen ist, dann sind die anderen meist auch hinterher ganz schnell offen. Weil sie versuchen, das andere Energiezentrum wieder aufzufüllen. Also müssen sie sich öffnen.

Was ist von den störenden Energien das Schlimmste oder das Schwerwiegendste?
Das schlimmste Gefühl ist im Irdischen, was wir also beobachten konnten, wenn Menschen eine Scheinheiligkeit besitzen, und versuchen, zwar positiv zu sprechen, aber in ihrer Gedankenwelt ein negatives Muster haben. Eine Scheinheiligkeit können wir überhaupt nicht unterstützen, und diese ist die größte Gefahr für den positiven Menschen. Da er leichtgläubig, offen, vertrauensvoll sich dem scheinheiligen Menschen zeigt, wird ihm aber dann ganz schnell die Energie entzogen.

Scheinheiligkeit ist schlimmer als Wut, Hass, Zorn, Neid …?
Diese Gefühle sind offensichtlich. Damit kann ein Mensch umgehen. In diesen Fällen hat er ein Gegenüber, das er sehen und einschätzen kann. Bei Wut oder Zorn sind die Seele, die Aura, die Chakren vorbereitet. Es tritt ein Schutzmechanismus ein, der alles schließt. Aber bei einer Scheinheiligkeit bleibt der Mensch offen und verletzbar.

Die Angriffe von außen sind sehr stark.

Denkt immer daran, euer Ursprung ist das Göttliche. Die Seelen haben sich ja im Laufe der Zeit – einer unendlich langen Zeit – entwickelt. Und die Entwicklung ist noch nicht zu Ende und nicht abgeschlossen. Ihr seid ja noch nicht in der irdischen göttlichen Vollkommenheit, weil die negative Welt auf diesem Läuterungsplaneten noch immer um euch herum steht. Diese versucht, euch in jeglicher Art und Form anzugreifen. Das heißt, ihr könnt noch so intelligent sein und noch so hoch studiert sein, das ist noch lange nicht das Ende der Entwicklung des Menschen, des Geistes, des Körpers. Ihr steht noch auf den untersten Stufen der Entwicklung, und je weiter ihr euch zum Göttlichen hinaufarbeitet und entwickelt, umso mehr strahlt dann eure Seele, eure Aura. Das Negative weicht von euch, denn dann ist irgendwann ein Schutz aufgebaut, wobei nicht mehr die Möglichkeit besteht, euch irgendwie anzugreifen, zu beeinflussen, geschweige denn zu behindern.

Ich gehe am Wochenende zu einem Seminar. Wie soll ich mich dort verhalten?

Vor allen Dingen ist es wichtig, die Chakren immer geschlossen zu halten. Zunächst mit den Augen schauen. Das Gefühl langsam herankommen lassen und dort ein wenig mit deiner Seele »spielen«. Seele und Geist schauen lassen und sich zurücknehmen, Erkenntnisse sammeln, sich wieder zurückziehen, Vergleiche anstellen, was kenne ich schon, was kommt aus meinem uralten Wissen? Wo kann ich das Wissen anzapfen? Welches Wissen habe ich nicht? Und immer wieder die Chakren schließen.

Gedankenhygiene

Kann man sich mit guten Gedanken auch schützen?
Ja, das kann man. Das ist der Anfang von allem. Gedankenhygiene ist wichtig. Was nutzt es einem Menschen, wenn er darüber nachdenkt, was der andere über ihn denken könnte? Man beginnt zu denken und zu denken, und die Gedanken können ganz falsch sein. Ihr denkt zu viel. Alles dies ist Gedankenmüll. Wenn man sich um Kleinigkeiten Gedanken macht, die es nicht wert sind, darüber nachgedacht zu werden, dann ist dies Gedankenmüll. Obwohl der Mensch trotzdem darüber nachdenkt, wie er das zu denken hat. Also, ich denke jetzt darüber nach, da drüben auf dem Tisch liegt ein Schnipsel Papier. So, jetzt mache ich mir Gedanken darum, ob ich diesen Schnipsel Papier nun wegräumen soll oder nicht. Das ist Gedankenmüll. Ich entscheide kurzfristig ja oder nein. Entweder lasse ich das Papier liegen, oder ich räume es weg, und die Sache ist erledigt. Es gibt Gedanken, die es nicht wert sind, gedacht zu werden, denn damit überbeansprucht man dann den Geist. Gedankenhygiene ist für den Menschen unerlässlich. Man sollte sich auf die wesentlichen Dinge des irdischen Daseins konzentrieren. Wichtig ist, die Harmonie in seinen eigenen Gedanken zu bewahren. Und alles, was dort nicht hineingehört, an uns, an das geistige Reich abzugeben. Wir wandeln dies dann in positive Energie um.

Das hört sich ja wahnsinnig gut an.
Wahnsinnig ist ein schlechter Ausdruck. Er beinhaltet eine Negativtendenz. Wahnsinnig heißt irre oder wirr.

Oh, Entschuldigung.
Jeder Negativgedanke, jede Negativemotion öffnet Tore für die negative Welt. Und wenn ihr dort nicht aufpasst und vergesst, diese Tore wieder zu schließen, so kommen noch negativere Inspirationen, gesteigerte negative Empfindungen bis hin zum Hass dazu. Es kann ganz schön schnell ausarten.

Wie sieht es für euch aus, wenn eine Seele zurück ins geistige Reich kommt?
In den meisten Fällen hat der Mensch ein völlig verdorbenes Unterbewusstsein. Was sich in diesem geistigen Reservoir angesammelt hat, kann man nicht beschreiben. Sämtliche niederen, vulgären Ausdrücke, pornographische Vorstellungen, unterdrückte Gemeinheiten, angesammelte Eindrücke von negativen Filmen und Zeitschriften, angestauter Hass, Schadenfreude, scheußliche Worte und vieles, vieles mehr. Das alles ist jetzt völlig freigelegt, weil der Mensch kein Gehirn mehr hat, das ihm als Schutz und Bremse dienen kann.
Um eine höhere Sphäre im geistigen Reich erreichen zu können, muss man auch gepflegt sprechen können, sonst wird man von höheren Intelligenzen gemieden!

Denken wir zu viel?
Ganz wichtig ist, auf seine Gedanken zu achten, nicht nur auf die Gedankenhygiene, die alles umfasst, sondern auch

zu überlegen, wo sende ich nutzlose Energie hin. Warum soll ich mir darum oder darum Gedanken machen? Zum Beispiel das Gefühl, nicht gesehen zu werden, sich darum Gedanken zu machen, warum dieses Gefühl da ist. Der Mensch hat die Begabung, sich durch seinen Geist als Energieräuber zu entwickeln. Es werden bei den meisten Menschen mehr schlechte Gedanken als gute Gedanken gedacht. Die Aufgabe ist, diese jetzt zu sortieren, auf sich zu achten und selbst zu überprüfen und sich auch zur Konsequenz zu rufen, diese störenden Gedanken wegzuschicken und auf das eigene Gefühl zu hören. Vergesst nicht, dass viel mehr als die Hälfte eurer Gedanken gar nicht von euch stammt, sondern dass dies Einflüsterungen von der negativen geistigen Welt sind.

Das eigene Gefühl ist also wichtig.
Man darf sein Gefühl nicht unterschätzen, man sollte auch mal seinem Gefühl freien Lauf lassen und sich nur mal nach seinem Gefühl entscheiden. Und mal eine Zeit lang versuchen, abzuschalten. Denn bevor ein Gefühl verwirrt werden kann, was ja im Inneren geschützt ist, was die Seele ist, so ist der Geist, der immer im Austausch mit anderen Menschen ist, mit dem freien Gedanken eher angreifbar und beeinflussbar.

Was ist überhaupt ein Gedanke?
Der Gedanke ist die größte und wunderbarste Eigenschaft des Menschen. Durch diese Fähigkeit steht der Mensch nicht nur auf dieser Erde, sondern in unmittelbarer Beziehung zum unendlichen Kosmos. Die Macht der Gedanken wird unterschätzt, und trotzdem ist diese Macht so

groß, dass sie töten kann. Sie kann aber auch im höchsten Grade schöpferisch werden. Das Gebet zum Beispiel hätte keinen Sinn und keine Macht, wenn die Macht des Gedankens, ja, der Gedanke selbst, nicht göttliche Eigenschaften hätte. Die höchste Eigenschaft Gottes ist der Gedanke, das Wort. Durch den Gedanken allein kann die Liebe Ausdruck finden, sich in die Tat umsetzen! Wie leichtfertig geht der Erdenmensch mit dem höchsten Schatz um, der ihm zur Verfügung steht. Der Mensch kann positiv und negativ denken. Jedes Mal setzt er damit den Kosmos in Bewegung. Jeder Gedanke prägt sich als Licht, Farbe, Form wie auch in Bewegung in den Kosmos, wo er seine unvorstellbare Existenz hat, bis er durch die höchste Erkenntnis in reines Licht verwandelt wird.

Jeder Gedanke hat also eine Energie …

Das Wort ist bei Gott, und Gott ist das Wort. Habt ihr schon einmal darüber nachgedacht? Das Wort dient der Verständigung. Es ist zugleich Ausdruck der Gedanken. Es gibt kein Wesen im ganzen Universum, das in dieser Hinsicht den Menschen übertrifft. Die Gedankentätigkeit in Form der Sprache ist eine Gabe Gottes, die dem Menschen geschenkt wurde. Es ist also ein göttliches Geschenk! Mit dieser Gabe von unermesslichem Wert geht die Erdenmenschheit in unglaublich fahrlässiger Weise um. Ganz abgesehen von den Schimpfworten, von dem Wort, das am allermeisten gebraucht wird und das leider schon zum aktuellen Wortschatz des Rundfunks und Fernsehens geworden ist. Ein einziges Wort kann Tod oder Leben für die ganze Menschheit bedeuten. Ein »Nein« kann einen Menschen um den Verstand bringen. Ein »Nein« kann Völker verhungern lassen. Ein einziges Wort hat manches Menschenherz zerbrochen. Das sind nur einige Beispiele, von denen es Millionen gibt. Denkt darüber nach. Wenn ein einziges Wort schon derartige Bedeutungen gewinnen kann, um wie viel mehr kommt da in Betracht, wenn ganze Sätze zusammengestellt werden. Noch beachtlicher ist es, wenn diese Sätze durch Schrift oder Druck verewigt werden. Diese Worte, die nicht hätten ausgesprochen werden dürfen, diese unseligen Worte können euch noch nach dem Tode entsetzlich zusetzen. Im Jenseits gibt es Autoren, die nicht zum Seelenfrieden kommen können, weil sie durch ihre niedergeschriebenen Worte auf einem Niveau festgehalten werden, das mit dem Wort »Hölle« zu bezeichnen ist.

Welch unfassbare Bedeutung liegt in dem einzigen und schlichten Wort »Liebe«!

Ja, das stimmt, die Bücher überleben uns.
Richtig. Ich möchte euch darüber hinaus noch ein Beispiel geben und zeigen, wie wichtig jedes einzelne Wort ist, das ausgesprochen oder nicht ausgesprochen wird. Ein Mensch hat zum Beispiel unrecht getan, und er gerät in eine Schuld. Natürlich muss die Schuld gesühnt werden, wenn sie ihm nicht weiter anhaften soll. Folglich hat der Mensch die Pflicht, sich bei dem zu entschuldigen, dem er unrecht getan hat. Aber leider ist die Entschuldigung meistens ein Streitapfel, denn der Mensch will mit seiner Entschuldigung nicht zugeben, dass er im Unrecht ist. Also verzichtet er auf eine Entschuldigung und läuft lieber mit dem Unrecht und dem schlechten Gewissen umher. Ihr könnt euch aber nicht vorstellen, wie ernst ein

solcher Fall ist, und welche furchtbaren Folgen er haben kann. Es können im großen Ausmaß erbitterte Kriege hervorgehen, wie sie noch heute bei euch an der Tagesordnung sind. Man sagt: »Ich will nicht mein Prestige verlieren.«

Als Gott, der große Planer, die Welten schuf, hatte Er einen tüchtigen und hochintelligenten Mitarbeiter, einen seiner stärksten Engel, zur Seite. Aber dann geschah ein Unrecht. Dieser Engel wurde eigensinnig und richtete sich gegen den großen Plan. Das war das erste Zerwürfnis zwischen Gott und Luzifer. Nun hätte der Engel sein Unrecht einsehen müssen. Er tat es auch, aber leider war er zu eigensinnig, dieses Unrecht zuzugeben. Er entschuldigte sich nicht, sondern sagte Gott den Kampf an. Da Gott darauf nicht reagierte, steigerte der gefallene Engel seine Kampfabsichten und versetzte sich schließlich in Hass. Der Hass nahm zu, weil er sich nicht entschuldigen wollte, denn er fühlte sich im Recht.

Ihr seht, dass von einem einzigen Wort, einem einzigen »Entschuldigung« die ganze Existenz des Universums abhing. Denn im geistigen Reich ist das Wort auch die Absicht. Man kann nicht etwas sagen, ohne es auch so zu meinen. Noch ist der Kampf nicht beendet, er hat entsetzliche Ausmaße angenommen. Ich wollte euch damit nur darauf hinweisen, wie schwer die Folgen sind oder sein können, wenn der Eigensinn eine Entschuldigung nicht zulässt!

Wenn jemand ein Unrecht in Worten oder in Taten begangen hat, so muss er sich entschuldigen, wenn er den Frieden und die Harmonie liebt. Wenn er sich nicht entschuldigt, entfacht er damit einen Krieg. Doch wer den

Krieg will, bestätigt damit, dass er von neuem ein Unrecht begehen will. Jesus Christus lehrte daher: »Liebet eure Feinde.« Er wollte nicht, dass man zu den Feinden besonders gut sein sollte; aber er meinte damit, dass der Mensch einsichtig sein sollte. Wer aber aus Eigensinn in seinem Unrecht verbleiben will, macht sich automatisch zum Feind, ja, darüber hinaus auch zu seinem eigenen Feind!

Ihr wisst aus Erfahrung, dass der Frieden sofort hergestellt ist, wenn jemand den Mut aufbringt, sich ehrlich zu entschuldigen, denn der Beleidigte ist zum Verzeihen bereit, wenn er sieht, dass der, der ein Unrecht getan hat, zur Entschuldigung bereit ist. Eigentlich ist es kein Mut, der dazu gehört, sondern vielmehr die Vernunft.

Das Gedankenbuch schließen

Ich habe vor dem Einschlafen viele Gedanken, die mir durch den Kopf rasen. Was kann ich tun?

Sage: »Ich schließe mein Gedankenbuch. Mein Gedankenbuch ist geschlossen.« Außerdem schließe deine Chakren, bevor du dich schlafen legst, so dass du auch in der Nacht besser von uns geschützt werden kannst.

Das Seelenhaus

Was ist ein Seelenhaus?
Ein Seelenhaus ist der innere Lebensteil der Seele im Irdischen, den die Seele mitbringt und versucht, sich im Körper so gut wie möglich darzulegen. In diesem Seelenhaus sind alle Formen von Gefühlen, Empfindungen, Verletzungen, Trauer und alle anderen Emotionen verankert. Und die Seele lebt mitten in diesem Seelenhaus. Wie sieht jeder sein eigenes Seelenhaus? Wie sieht es aus? Oder wenn man sich mit seiner eigenen Seele beschäftigt, wie würde sich dieses Seelenhaus dann verändern? Also, ein Seelenhaus ist der Ort, wo die Seele im Inneren wohnt, welchen sie aus der geistigen Welt kennt, um einen Teil ihres eigenen wahren Zuhauses zu haben.

Kannst du zum Beispiel bei der Symbolik eines Hauses ein bisschen konkreter werden? Es gibt jetzt beispielsweise ein Baumhaus, eine Holzhütte oder ein Schloss. Könntest du dies mal kurz aus deiner Sicht beschreiben?
Dort kommen viele Faktoren zusammen. Das Schloss könnte den Hintergrund haben, dass es in einer früheren Inkarnation seinen Ursprung hat, weil die Seele vielleicht schon einmal als Prinzessin oder Königin gelebt hat und genau dort eine wunderbare, positive, harmonische Inkarnation hatte, wenn sie denn eine gute Prinzessin oder eine gute Königin war.
Das Baumhaus kann zum Beispiel bedeuten, dass man auf den Schwingen des Adlers nach oben in die Himmels-

bereiche gelangen will, um dort zu leben. Das heißt nicht, ich will hoch hinaus, wie es hier im Irdischen oft gesehen wird, sondern ich will dort in die grenzenlose Freiheit des Fliegens gelangen, auch wenn mein Seelenbegleiter, mein Krafttier, ein Adler ist.

Und die Holzhütte kann auch aus einer früheren Inkarnation sein. Dort kann der höchste, gradlinigste Anteil der Seele stecken, die Bescheidenheit und die Demut. Es kommt immer wieder darauf an, welche Ambitionen ein jeder hat, warum er sich welches Seelenhaus ausgesucht hat.

Du sprachst in einer früheren Sitzung davon, dass ein Haus ein Fundament haben muss.
Ja, richtig.

Eine Hütte könnte von einem Sturm des Lebens umgerissen werden.
Ja. Dann ist das Fundament schlecht. Und somit geht es dann letztendlich der Seele auch wieder schlecht. Also das Haus muss schon eine Stabilität haben, selbst dann, wenn es von außen nicht sichtbar ist, aber von innen muss es vorhanden sein. Und diese Stabilität wird dann auch wieder durch die einzelnen Seelenaspekte geliefert. Vertrauen, Glauben, Geduld, Harmonie, positiver Egoismus. Das sind dann wiederum die Stützpfeiler oder die Fundamentgeber. Auch ein Schloss kann durch einen Orkan ganz schnell aus dem Fundament gerissen werden.

Was ist die Symbolik des Kellers?
Die Symbolik des Kellers kann zum Beispiel das Stahlfundament sein, wenn dort die starken Aspekte sind und der

Keller aufgeräumt ist. Ein sehr tiefes Fundament der Seele. Der Keller kann aber auch das größte Chaos der Seele verbergen, wenn nicht aufgeräumt ist und sich dort ein Gewirr von Gedankenmüll befindet.

Was ist die Symbolik der Empfangshalle?
Die Symbolik der Empfangshalle ist die Klarheit und die Reinheit, die Offenheit. Das »Herzlich willkommen« den anderen Seelen zu geben, sie in das Seelenhaus einzuladen.

Was ist die Symbolik des Dachgeschosses?
Es kommt da auch wieder darauf an, wie das Dachgeschoss aussieht. Ist es mit viel Glas unterteilt mit Sicht nach oben, dann hat es etwas mit der göttlichen Anbindung zu tun. Ist das Dachgeschoss ein Ebenbild des unaufgeräumten Kellers, hat es die gleiche Symbolik wie die des Kellers.

Und das Wohnzimmer? Schlafzimmer?
Es gibt ja ganz individuelle Zimmer. Was nur immer wichtig in jedem einzelnen Seelenhaus ist, einen »Ich-Raum« zu haben.

Was bedeutet ein »Ich-Raum«?
Ein »Ich-Raum« ist ein Raum, in dem man einfach sich selbst sein kann. Wo ihr euch selbst tolerieren und anerkennen könnt mit all euren Schwächen und Fehlern. Lasst auch die anderen vielleicht mal in diesen Raum hineinsehen. Habt die Offenheit, den anderen von euren eigenen Schwächen zu berichten.

Die Farbe von dem Seelenhaus hat ja dann sicherlich auch ihre ganz spezielle Bedeutung? Je dunkler das Haus, desto …
… dunkler die Empfindungen der Seele. Es gibt sogar Seelen, die haben in ihrem Seelenhaus schwarze Vorhänge.

Wie kann man sein Seelenhaus erkunden?
Es gibt mehrere Möglichkeiten. Zum einen geht dies über die Meditation. Erst einmal sich die Eigenmeditation vornehmen, das heißt, über den Gedanken oder das Gefühl oder durch ein inneres Bild in sein Seelenhaus zu gelangen. Es gibt aber auch Seelen, die den Blick nach innen haben und ein Gefühl, Gespür und Bilder erhalten, wie das Seelenhaus aussieht. Und wiederum andere, die haben es ganz einfach, die wissen es intuitiv, wie das Seelenhaus aussieht, weil sie schon darin leben, ohne es im Bewusstsein zu haben.

Man kann sich das Seelenhaus doch auch aufmalen?
Ja, natürlich.

Ist es wichtig, dass man andere Seelen in sein Seelenhaus einlädt? Euch aus dem geistigen Reich oder auch bekannte Seelen hier aus den irdischen Bereichen?
Ja, aber nur zu denen, zu denen ein tiefes inneres Vertrauen existiert. Ansonsten kann durch eine Waghalsigkeit das Seelenhaus auch zerstört werden. Das passiert, wenn Menschen nicht die Offenheit haben, die du glaubst. Wenn du sie dann in dein Seelenhaus einlädst, und diese erkennen dann deine innersten Gefühle, dies wäre nicht gut. Du bist sehr, sehr offen und erzählst darüber, und diese beuten

dann diese Offenheit aus und benutzen sie. So können sie deine Seele und das dazugehörige Seelenhaus zerstören. Also, darum ist es immer wichtig, zu wissen, wen ich wirklich in mein Seelenhaus einladen kann.

Das ist ein interessantes Thema.
Um das Seelenhaus sollte sich jeder einmal Gedanken machen. Das Herz ist der Motor für euren Körper. Die Seele, die darin wohnt, in diesem materiellen Haus, muss sich erst einmal darüber klarwerden, dass sie auch ein seelisches Haus besitzt, das Seelenhaus. Und in diesem Haus seid ihr sicher und geschützt. Wie geht die Seele mit ihrem Seelenhaus um? Wie sieht das Seelenhaus überhaupt aus? Wer sich darum Gedanken macht, und wer dieses Haus beschreiben kann, der lebt. Jeder andere existiert nur, der trägt nur sein Herz, seinen Motor spazieren. Dies hat nichts mit Karriere zu tun, dies hat nichts mit Intelligenz oder Dummheit zu tun. Es geht nur um die Frage, lebt die Seele, oder existiert sie nur? Jede Inkarnation ist eine Gratwanderung zwischen Negativbeeinflussung und positiven Beeinflussungen. Hält man sein Maß in der Mitte und lebt in seinem Seelenhaus mit offenen Türen und Fenstern, so ist es gut. Und selbst wenn man dann Enttäuschungen erlebt, so sind sie gut, denn sie sind wichtig für die Seelenentwicklung.

Kann man das so verstehen, dass eine Seele, die nicht lebt, sondern nur existiert, in ihrer Weiterentwicklung stehenbleibt?
Ja natürlich, es ist ja kein Fortkommen gegeben. Wenn ich das Seelenhaus verschließe, wenn ich es zumache, wie will ich dann hinausschauen? Wie will ich dann etwas erken-

nen? Wie will ich dann etwas erleben? Wie will ich etwas erleben können, wenn ich niemanden in mein Seelenhaus hineinlasse? Wie will ich dann etwas lernen? Das geht nicht, also bleibe ich, wenn ich nur existiere, in der eigentlichen Seelenentwicklung stehen. Dann kommt es darauf an, wen ich als Gast in mein Seelenhaus einlasse. Egoismus, Fanatismus, Selbstverherrlichung, Materialismus? Wenn ich diese als Besucher habe, bleibt die Seele stehen und eine Inkarnationsserie würde wieder neu im geistigen Reich beginnen.

Kann man sagen, dass die Angst die Tür ist, um von der reinen Existenz ins Leben zu kommen?
Ja, nur wenn sie nicht zu groß ist. Wenn ich der Angst zu großen Spielraum gebe, oder wenn ich sie in mein Haus, in die Empfangshalle lasse. Denn von dort aus kann sie sich überall ausbreiten. Lasse ich sie aber nur ins Begrüßungszimmer und habe einen Blick darauf, so sieht dies schon ganz anders aus, denn dann hat man die eigene Angst im Auge, sie wird beobachtet. Und sie wird nicht Herr über die eigene Seele. Gehe den Weg langsam, gehe sorgfältig mit deiner Seele um, und mache an deinem Seelenhaus langsam die Fenster auf.

Seelenhausschilderungen befinden sich auf Seite 104. Diese könnten helfen, ein Gefühl zu bekommen, wie man sein eigenes Seelenhaus beschreiben, besuchen und auch zeichnen kann.

Das Seelenbuch

Was ist das Seelenbuch?
Das Seelenbuch ist jenes Buch, in dem jeder Mensch seine innersten geheimsten Ideen, Gedanken, Gefühle, Meinungen hat und diese nicht äußert, die er immer ein Stück weit für sich im Verborgenen hält. Oder glaubt zumindest, diese im Verborgenen zu halten. Die Variante gibt es auch. Aber bleiben wir jetzt mal bei den Menschen, die es im Verborgenen halten. Diese Menschen schreiben dann ihre Gedanken, ihre geheimsten Wünsche und Träume in dieses Seelenbuch hinein, damit diese sich im Irdischen verkörpern können. Wobei es natürlich die Menschen einfacher haben, die offen darüber sprechen. Im Wort, kombiniert mit einem Gedanken, ist viel mehr Kraft und Energie enthalten als im reinen Gedanken. Und somit kann sich der Wunsch viel schneller verfestigen.

Dann ist ein Tagebuch vielleicht eine sichtbare Form dieses inneren Buches?
Ja, das stimmt.

Ist es letztendlich anzustreben, dass man kein Gefühl, keinen Gedanken vor anderen Menschen verborgen hält? Dann wäre doch das innere Buch überflüssig.
Dann wäre es überflüssig. Dann gäbe es nur noch das äußere, gesprochene Wort. Aber bis es so weit ist, muss die Negativität auf diesem Planeten verschwinden. Denn durch die Beeinflussung der negativen Wesen, die es hier

auch auf diesem Läuterungsplaneten gibt, wird es immer den geheimen, inneren Gedanken geben. Dies ist ganz wichtig.

Das ist auch ein Schutz für uns.
Es gibt im Moment sehr viele Menschen, die – ich sage dies einmal ganz bewusst – auf die irdische esoterische Schiene gehen, um etwas für sich zu erreichen. Aber dort ist Vorsicht geboten. Genauso ist es mit den Büchern. Für den einen sind manche Bücher gut, da sie der spirituellen Entwicklung entsprechen, für andere sind sie wiederum nicht gut, können als Ballast oder als etwas Irreführendes gelten, da die seelische Entwicklung noch nicht ausreichend vorhanden ist oder man schon über diese Entwicklung hinaus ist. Es ist für jeden Menschen individuell zu erforschen, was für ihn gut ist, und was nicht gut ist. Nicht jeder hat die gleiche Entwicklung. Und wenn jemand sagt, er möchte zu einem fanatischen Medium gehen, dann soll er dies tun und muss seine eigenen Erfahrungen machen. Sucht nicht im Äußeren, sucht in eurem Inneren, sucht in euch, sucht euer eigenes Seelenbuch, sucht eure eigene Ankopplung an das göttliche Ich, »Ich bin«, »Ich bin Geist«, »Ich bin Seele«, »Ich bin ein Kind Gottes«. So könnt ihr euer eigenes inneres Buch lesen, euren eigenen irdischen Lebensweg finden. Rennt nicht von einer Gruppe zur nächsten. Die Gruppenbildung geschieht von ganz allein, je nachdem, wie die Schwingungen der Seelen harmonieren. Gott ist in euch, warum sucht ihr Ihn dann im Äußeren? Warum sucht ihr Ihn bei anderen, wenn Er euer Begleiter ist? Ihr braucht nur euch selbst zu fragen, so fragt ihr automatisch über den Geistführer, den Geistlehrer das

Göttliche. Und wenn ihr jemanden kennt, der eine Hellsichtigkeit besitzt oder eine phantastisch glänzende Möglichkeit der Voraussage, so rennt dort nicht hin. Dort beschneidet ihr euer eigenes Karma, eure eigene Entwicklung. Seht jeden Tag so an, wie er ist. Und er ist gut. Solltet ihr im Irdischen auf menschlicher Seite Enttäuschungen erleben, seid traurig und nehmt dies an. Es ist wichtig! Jeder Tag ist ein Geschenk, jeder Tag bringt euch in eurer spirituellen Entwicklung für eure Seele im geistigen Reich einen Schritt weiter. Achtet auf euer Innenleben, achtet auf eure Seelen, schützt euch, denn sie werden weiterleben. Folgt nicht irgendeinem Phantom, sondern folgt dem Licht in euch.

Danke für diese Worte.
Ich sage dies nicht einfach nur so. Es ist wirklich wichtig, dass ihr euch schützt. Denn das Wichtigste ist, dass jeder die Verbindung zu seiner Seele findet. Seele heißt auch Gefühl, und Gefühl heißt, Gott in sich leben zu lassen. Den Mut haben, die Verbindung zwischen Geist, Seele und dem Göttlichen aufrechtzuerhalten oder zu finden. Intensiv zu leben, sich in Gottes Hände zu legen, und Gott wirken zu lassen. Denn jede Seele ist aus Gott entsprungen. Lernt, in euren Ursprung zurückzukehren. Jeder ganz allein für sich, ohne groß mit anderen darüber zu sprechen. Denn das ist das wahre Lernen in sich, sein eigenes Seelenbuch zu lesen, die Verbindung zu seiner eigenen Seele zu finden.

Der Seelenstein

Was ist ein Seelenstein?

Ein Seelenstein ist ein Stein, der die Seele in ihrem irdischen Leben begleitet, unterstützt, kräftigt, mitformt und die Verbindung zu Mutter Erde, der Seele und dem Göttlichen herstellt. Er kann dann als Energiekraftquelle genutzt werden. Aufladen kann man die Steine durch die Sonnenenergie oder durch die Energie der Erde oder die Energie der Amethysten oder durch die Energie des Reiki.

Wie geht die Zuordnung des Seelensteins zur jeweiligen Seele vor sich?

Dies ist nach dem eigenen Empfinden der zu inkarnierenden Seele, die sich diesen Stein gemäß ihren eigenen Empfindungen und Notwendigkeit der irdischen Aufgaben betreffend ausgesucht hat.

Also ist dieser Seelenstein für eine Inkarnation der optimale Begleiter und der optimale Schutz.

Ja. Und nicht nur ein Begleiter, sondern auch der, der die Seele in den Aufgaben im irdischen Dasein unterstützt. Wer diesen Stein kennt und ihn ignoriert, dem geht dann auch ein Teil der Seelenenergie verloren, auch in der Hinsicht, dass zu jedem und allem immer wieder dann Schwingungen und Schwingungsbänder aufgebaut sind.

Wenn das jetzt natürlich Leser hören, dann wollen sie wissen, welcher ihr Seelenstein ist.
Natürlich. Es ist ja im Grunde genommen in jedem verankert. Es ist leicht, hier während einer Sitzung zu fragen. Jeder kann aber in sich gehen und dann auch seinen Seelenstein, der zu ihm gehört, finden, wenn er sich die Mühe macht und sich mit seiner Seele und seinem Stein auseinandersetzt.

Gibt es verschiedene Zusatzsteine?
Auch. Es gibt auch die Zusatzsteine für Krankheiten. Wenn ihr krank oder verletzt seid, dann wäre es wichtig, in euch nachzuforschen, welcher Stein für welche Krankheit zuständig ist und welcher dann zusätzlich unterstützen kann. Ein Krankheitsstein sollte auf keinen Fall außer Acht gelassen werden.

Kannst du uns noch etwas zu Steinen sagen? Es tritt ja immer das Problem auf, wenn man in Büchern schaut, dass die Erklärungen nicht unbedingt übereinstimmen.
Ein Stein kann nur so wirken, wie er von der Seele aufgenommen wird. Vertraut der Mensch einem Stein, der zu ihm gekommen ist, egal, ob es der Seelenstein ist oder nicht, dann kann der Stein auf jeglicher Ebene helfen, etwas zu lindern, etwas zu aktivieren oder etwas aufzulösen. Hört auf eure eigene Intuition, auf eure Innenwelt, auf eure eigenen Gefühle, um zu erfahren, welche Fähigkeiten welcher Stein hat. Lest nicht erst in Büchern nach, um herauszufinden, welchen Stein ihr euch besorgen müsst. Nein, fragt euch selbst: Wenn ihr eine unterstützende Edelsteinbehandlung haben möchtet, welcher Stein

soll dann zu euch kommen? Welchen braucht ihr? Und jeder Stein ist in der Lage, seine Aufgabe zu erkennen, entweder die richtigen Energien abzugeben oder aufzunehmen und unterstützend tätig zu sein.

Wenn ich noch einmal inkarniere, habe ich dann einen anderen Seelenstein?
Es kommt auf deine Entscheidung an. Bevor du inkarnierst, kann es sein, dass du dann sagst: Für die nächste Inkarnation, die jetzt vor mir liegt, möchte ich gerne den und den Stein haben. Es kommt immer auf die eigene Seelenempfindung an.

Was bedeutet es, wenn man außer dem Seelenstein noch einen begleitenden Stein hat?
Der ist dann dafür da, den Seelenstein mit Energie zu unterstützen. Oder wenn zum Beispiel jetzt der Universalstein, der Diamant, der alle Farben, alle Formen, alle Stärken in sich hat, aber auch schon durch das viele lange Tragen geschwächt wurde, dass er dann einen unterstützenden, begleitenden Stein braucht, wenn die Reinigung allein nicht ausreicht. Also, es kommt immer darauf an, wie die Seele im irdischen Körper handelt, reagiert und welche Anteile sie im Irdischen leben möchte. Möchte sie gerne in der festen Materie leben? Das heißt, den Stein besitzen wollen, und damit ist das dann erledigt. Oder aber möchte sich die Seele im Irdischen mit der Vielfalt der Steinauswahl für die eigene Seele beschäftigen und sich dann auch noch passende, andere Steine auswählen, die beispielsweise zur Unterstützung der Lebensaufgabe notwendig sind. Und darum ist es, was ich vorhin sagte, wich-

tig, auf seine eigene Intuition zu hören. Wenn ihr auf dem spirituellen Weg seid, dann könnt ihr auch sicher sagen, welchen Stein ihr braucht, zur Unterstützung eurer spirituellen Fähigkeiten oder eures spirituellen Glaubens oder eurer Demut.

Wenn ich das richtig verstanden habe, gibt es für jede Fragestellung einen bestimmten Stein, der uns unterstützt.
Ja, richtig.

Wäre es sinnvoll zu sagen: »Gut, ich habe dieses Problem. Ich geh damit in einen Steineladen und dann schaue ich, welcher Stein mich am meisten anspricht?«
Ja, genau.

Aber es kann bei der gleichen Fragestellung drei Tage später ein ganz anderer sein?
Wobei aber immer noch berücksichtigt werden sollte, dass der Urseelenstein auch noch seine Funktion hat. Das kann ja nicht sein, dass du dir alle drei Tage einen neuen Stein besorgen musst.

Das war das Problem.
Dann hast du zu Hause einen Steinberg, und du bräuchtest den Stein vielleicht nur ein- oder zweimal. Das wäre nicht gut.

Ich habe viele Steine am Bett liegen, die zu mir gekommen sind. Ich nehme mir sehr oft bzw. fast immer einen Stein in die Hand und schaue, welcher Stein mich anspricht, bevor ich einschlafe.
Ja. Das ist dann die Intuition.

Wenn ich das Gefühl habe, dass der Diamant mein Seelenstein ist, kann es teuer werden. Kann man sich seinen Seelenstein visualisieren?

Ja. Dann kann man sich ein Bild hinstellen oder was immer einen auch anspricht. Und dann kann man über dieses Bild Kontakt mit der Energie des Diamanten aufnehmen.

Die Geburtsfarbe

Was ist die Geburtsfarbe?
Die Geburtsfarbe ist die Farbe, die die Seele sich vor der Inkarnation ausgewählt hat, mit welcher sie in den gerade geborenen Körper eintreten möchte, entsprechend der eigenen geistigen Entwicklung im geistigen Reich.

Hilft es uns, wenn wir unsere Geburtsfarbe in der Kleidung tragen?
Es ist hilfreich zur Unterstützung des eigenen Seelenselbstwertgefühles, diese Farbe schon in der Nähe zu haben. Aber auch dort gilt das gleiche Prinzip wie die Intuition mit den Steinen. Wenn jemand seine Geburtsfarbe wissen möchte, so kann er dies genauso für sich herausbekommen. Zum anderen gibt es ja auch die Möglichkeit, sich jeden Tag bewusst zu kleiden. Sich bewusst zu machen, welche Farbe man heute tragen möchte. Es gibt bei jedem eine Tendenz zu einer Farbe oder, im Höchstfall, zu drei Farben. Man muss nicht, wenn die Geburtsfarbe Blau ist, ständig blaue Halstücher tragen oder einen blauen Turban oder ein blaues Armband oder blaue Schuhe oder blaue Socken oder blaue Unterhosen. Das ist nicht der Sinn.

Wie sieht farblich die Umgebung der Geburtsstätte aus, wenn eine Seele das Licht dieser Welt erblickt?
In dem Moment der Inkarnation wird dafür gesorgt, dass von den Geisthelfern nur dieser Farbton im Umkreis von 500 Metern vorhanden ist.

Also ist diese Farbe, auch wenn man sie sich gedanklich vorstellt, der beste Schutz.
Ja. Denn damit ist wieder das Urvertrauen zur eigenen Seele geschaffen. Wenn ich jetzt weiß, meine Farbe ist ein Sonnengelb, und überall dort, wo ein Sonnengelb strahlt, fühle ich mich wohl, dann schützt es mich. Wenn ich ein Sonnengelb trage, ist mein Urvertrauen zu mir selbst, zu meinem eigenen Selbst, zu meinem inneren Ich und auch zu meinem höheren Selbst geschaltet, der Anteil aus dem geistigen Reich, der dort geblieben ist. Dann ist ein Einklang geschaffen.

Wenn sich jetzt eine Seele im geistigen Reich auf einer Blumenwiese wohl gefühlt hat, dann ist die Seelenfarbe bunt?
Ja, gibt es auch.

Und dann fühlt man sich, wenn man einen Regenbogen oder eine Blumenwiese sieht, direkt an die Seele angekoppelt?
Ja, richtig.

Wie ist das mit Zwischentönen? Ich mag Wollweiß gerne. Aber das ist ja im Grunde genommen keine Farbe.
Ja, aber dies ist die Tendenz zum Weiß hin. Wollweiß ist kein reines Weiß, wobei du dann versuchst, dieses Weiß, deine Reinheit, zu verstecken.

Elias, wenn ich mich nicht wohl fühle, dann ziehe ich ganz bewusst Orange oder Rot an, weil ich das Gefühl habe, das kräftigt mich.
Ja. Es ist ja dann deine Intuition, dass dadurch bei dir bewiesen ist, dass deine Seele eine gewisse Form von Ein-

fluss auf dein Denken hat, und ihre Forderungen, wie sie durch den Tag gekleidet gehen möchte, die Kraft hat, sich durchzusetzen.

Daraus folgt doch, dass astrologische Farb- und Steinzuordnungen oder Tagesfarbstrahlen etc. zweitrangig sind.
Richtig.

Wenn man jetzt Blau als Geburtsfarbe hat, hat man sich dann eine Aufgabe für dieses Leben ausgesucht, die mit dem Kehlkopfchakra zu tun hat?
Das ist eine ganz andere Ebene. Darauf kommt es dann an, wie weit die Reiki-Kanäle im Menschen geöffnet sind und wie stark letztendlich auch die Chakren wieder in ihren Farben arbeiten. Die Hauptfarbe kommt jedoch in allen Chakren vor, wenn man sich die Chakren aufmalen würde, so wie man sie sich vorstellt. Dies ist dann die Geburtsfarbe. So zeigt sich dann die seelische Verbundenheit mit dieser Farbe.

Das heißt, wenn man seine Seelenfarbe nicht weiß, kann man ein farbiges Bild von sich und den Chakren anfertigen und schauen, was intuitiv für Farben kommen?
Ja. Und die Farbe, die sich am meisten wiederholt, ist dann die Seelenfarbe.

Wunderschön.
Es ist sehr einfach. Alles ist sehr einfach.

Ich fühle mich in letzter Zeit extrem von Schwarz angezogen. Ich weiß, Schwarz soll man ja nicht regelmäßig anziehen, aber ich habe dazu im Moment eine große Beziehung.

Das hängt mit deinem depressiven Seelenzustand zusammen. Damit spiegelt die Seele, dass sie sich eben in diesem Schwarz wohl fühlt und ihre besagte Trauer damit zum Ausdruck bringt.

Man hört doch aber auch schon mal, Elias, dass Schwarz schützt. Ist das verkehrt?

Schwarz schützt nicht.

Man soll doch dem nachgeben, wenn einem danach ist.

Dann fühlst du dich ja unwohl, und dann ist es wiederum so, dass deine Seele sich dadurch nicht gesehen fühlt und wiederum in andere Extreme gehen könnte. Du solltest dann versuchen, eine gewisse Form von Strenge aufzubringen und zu sagen: Nein, Schwarz möchte ich jetzt nicht. Lass uns doch gemeinsam etwas anderes, Farbiges finden.

Warum tragen so viele junge Menschen Schwarz?

Es gibt auf der einen Seite die Menschen, die Schwarz tragen aus einer reinen Demonstration heraus, sich gegen die bunte Welt zu verkleiden, die dadurch aber auch dem Negativen die Tür aufmachen. Auf der anderen Seite gibt es die, die ihre Trauer durch das Schwarz zeigen. Und zum dritten finden manche eben dieses Schwarz sehr elegant. Es kann auch elegant sein, wenn es elegant getragen wird. Oder wenn es ein feierlicher Anlass ist, wenn der Mensch als Vorgabe hat, Schwarz anzuziehen. Es gibt ja viele Menschen, die trauern und dann auch Schwarz anziehen, um die Trauer ihrer Seele darzustellen. Nur, dass dieses Schwarztragen der Seele nicht hilft, wissen sie nicht. Es ist doch seltsam, wie viele bei einer Trauerfeier Schwarz tragen, obwohl sie zu dem Verstorbenen gar keine Beziehung hatten.

Was ist bei der Farbauswahl zu beachten?
Wichtig ist, dass es immer auf das innere Gefühl ankommt. Welches Gefühl hat die Seele zu diesen Farben? Genauso ist es zu sehen, wenn Menschen eine gewisse Form von, ich sage mal Arroganz oder Aggressivität in sich haben, dass sie viel Rot tragen. Aber nicht ein warmes Rot, sondern ein aggressives Rot. Und selbst wenn es nur eine Krawatte ist. Ein warmes Rot ist beispielsweise das Weinrot. Ja, das Weinrot hat etwas mit ganz tiefer Seelenliebe zu tun. Zu der eigenen Seele zunächst und natürlich zu allen, die dann eben zu dieser Seelenverwandtschaft gehören. Wenn ihr jetzt jemanden in eurer Geburtsfarbe seht, die Farbe, die genau zu eurer Seele passt, entsteht sofort eine Sympathie. Das kann schon alleine an einem Farbton festgemacht werden.

Das Seelentier (Krafttier)

Was ist ein Seelentier?
Es ist so wie von den alten, weisen Indianern überliefert, dass die Seelen, wenn sie geboren werden, in bestimmte Sternzeichenfolgen hinein inkarnieren, und zu diesen Zeichen gehören auch Tiere. Und diese Seelentiere oder auch Krafttiere gehören dann wiederum zu der Seelensphäre, aus welcher die Seele stammt. Das Krafttier soll die Seele in ihrem irdischen Zyklus, in dem Lebensverlauf unterstützen. Sei es schützend, inspirierend oder weisend.

Du sagtest aus einer Sphäre. Gehört zu einer geistigen Sphäre jeweils ein Krafttier?
Ja, richtig.

Und dann inkarnieren sämtliche Seelen aus dieser Sphäre mit diesem Krafttier?
Nicht immer. Wenn nun eine Seele in einer anderen Inkarnation eine tiefe Beziehung zu einem Bären aufgebaut hat, dann kann es in der nächsten Inkarnation auch wieder dieser sein, auch wenn die Tierfolge in dieser Sphäre eine andere ist.

Und die Energie eines Krafttieres begleitet dann die Seele?
Ja, wenn diese bewusst in Anspruch genommen wird. Und wenn es unbewusst ist, so hat es natürlich dann dieses Tier etwas schwerer, zu inspirieren, dann muss mehr der Schutz-

patron inspirierend weiterhelfen. Das zuständige Krafttier bleibt dann im Hintergrund.

Hat das Krafttier mit den schützenden, weisenden und lehrenden Aspekten die gleiche Energie wie die Schutzpatrone?
Nicht unbedingt dieselbe, aber es ist eine ähnliche. Es kommt immer darauf an, wo das Vertrauen als Erstes hingeht. Vertraut die Seele dem eigenen Selbst, dem Schutzstein oder dem Schutzpatron? Es sind nur wenige, die wissen, dass sie überhaupt eine Seele haben, und dass sie die Möglichkeiten haben, Schutzsteine oder begleitende Steine zu besitzen. Wenn das Krafttier allerdings im Bewusstsein ist, wird es spürbarer werden. Es kann sein, dass dann das Krafttier von der Wichtigkeit direkt nach dem Schutzpatron kommt, es kann sich aber auch die Energie zwischen Schutzpatron, Geistführer und Geistlehrer teilen. Oder ein Krafttier kann auch die höchste Wichtigkeit haben. Kann alles möglich sein. Also, es kommt immer auf das Seelenempfinden an. Wie empfindet eine Seele ihr eigenes irdisches Dasein, und was geschieht dann im Unterbewusstsein? Was geschieht dann in Träumen? Welche Tiere tauchen dort auf? Dort müsst ihr aber eine Unterscheidung finden, ob es euer Seelentier ist oder irgendein anderes Tier, das aus der Angst oder Furcht heraus in eurem Unbewussten wirkt. Macht es mir Angst, oder fühle ich mich geborgen? Dann ist es schon beantwortet. Hat es Angst gemacht, dann zeigt sich die Angstsituation als Tier. Ist es ein positives Gefühl, dann könnte es sein, dass sich das zuständige Seelentier im Traum zeigt, um ins Bewusstsein und in Kontakt mit der Seele zu kommen.

Elias, kann ein Tier auch im Laufe eines irdischen Lebens wechseln, je nachdem, wie die seelische Entwicklung verläuft?
Nein, das ist nicht möglich.

Also, das Seelentier bleibt, auch wenn die Entwicklung rückläufig ist.
Ja. Wenn die seelische Entwicklung rückläufig ist, dann ist ja auch automatisch der Bezug zu dem Seelentier rückläufig. Und damit zieht sich das Tier zurück.

Kann man mehrere Tiere haben?
Ja, man sollte dann aber versuchen, aus seinem Gefühl heraus zu wissen, welches Tier für mich, für meine Seele, grundsätzlich der wichtigste Kraftteil ist.
Nicht immer situationsbezogen, sondern den Lebensabschnitt betreffend. Ihr könnt sagen: »Ich möchte, dass der Delphin mehr in mein inneres Lebens tritt. Führe mich!« Dann müsst ihr aber lernen, dem Krafttier zu vertrauen.

Wie schützt uns unser Seelentier?
Genauso wie der Schutzpatron. Durch warnende Hinweise, wenn es aus dem Karma heraus erlaubt ist. Es versucht, euch zu inspirieren, manche Dinge zu tun oder nicht zu tun, euch vor Krankheiten zu schützen. Dann arbeiten auch in manchen Bereichen der Schutzpatron und das Krafttier zusammen.

Wie kommt man in Kontakt mit seinem Seelentier?
Dies kann durch Empfindungen kommen. In den Hauptfällen ist es so, dass man zu seinem Krafttier durch Meditation kommt, auch durch geführte Meditation. Eine

schöne Möglichkeit sind Krafttierkarten. Und dann müsst ihr aber auch wirklich eurem Gefühl vertrauen, dass die gezogene Karte die richtige ist.

Was sind die Eigenschaften der Tiere? Wofür steht denn der Delphin aus geistiger Sicht?
Weisheit, Klugheit und Leichtigkeit.

Und der Adler?
Der Adler steht für die Weitsicht, für die Leichtigkeit und für die Beschwingtheit.

Der Wolf?
Zusammengehörigkeit.

Und das Pferd?
Das Pferd spielt eine tragende Rolle. Das Pferd ist einmal Kraft, Beweglichkeit und auch Klugheit.

Ich habe in meiner Wohnung lauter Delphine aufgestellt und Delphinbilder aufgehängt. Bringt das Kraft, sich damit zu umgeben?
Ja.

Laut dem chinesischen Horoskop bin ich eine Schlange. Ist mein Krafttier eine Schlange?
Das hat nichts zu sagen. Es gibt noch andere Horoskope, dort bist du eine Maus. Was ist denn jetzt dein Krafttier?

Kannst du etwas über die Bedeutung der Schlange sagen?
Es gibt viele verschiedene Bereiche, in denen die Schlange einmal positiv und einmal negativ gesehen wird. Und wir

von geistiger Seite aus spalten dies genauso auf. Es kommt immer wieder darauf an, in welchem Zusammenhang die Schlange eine Rolle spielt. In der Medizin, da sie ein Gift besitzt, welches Menschen heilen, aber auch töten kann, ist die Schlange immer ein gespaltenes Tier.

Was ist mit den Raubtieren?
Sie sind die Wächter des Urwaldes, der Natur. Wir können jetzt leider nicht auf jedes Tier eingehen. Aber wer sich gerne damit auseinandersetzen möchte, kann sich ja mal hinsetzen und nachforschen, welches Tier welchen Platz in der Natur hat und welches die Lebensaufgabe des Tieres sein könnte.

Der Seelenbaum

Was ist ein Seelenbaum?
Ein Seelenbaum zeigt, wie sich das eigentliche Seelenleben darstellt und wie es sich widerspiegelt. Malt einmal
euren Baum auf. Wofür steht er mit seinen sämtlichen Ver-
ästelungen in eurem eigenen, seelischen Lebensbereich?
Welcher Ast hat für welchen Lebensbereich seinen Sinn?
Zum anderen sind Bäume auch die Lebewesen, die Schutz,
aber auch Kraft gebieten. Was auch wichtig wäre, dass jeder, der seinen Kraftbaum weiß, ihn auch einpflanzt, wenn
die Möglichkeiten bestehen. Ob klein oder groß, das spielt
keine Rolle.

*Du hast vorhin bei den Tieren gesagt, dass die Tiere uns genau
wie die Schutzpatrone begleiten und uns Kraft geben und schützen. Ist dies mit den Bäumen auch der Fall?*
Ja, natürlich.

*Also werden wir neben der geistigen Welt auch durch das viel-
fältige geistige Leben beschützt?*
Ja. Alles, was sich in der Natur zeigt, alles, was zu diesem
Planeten Erde gehört, gehört automatisch zum Göttlichen. Und da jeder Mensch auch einen Teil Göttliches in
sich trägt, gehört auch logischerweise alles, was zu diesem
Planeten gehört, automatisch zu seinen Anteilen.

Wofür steht die Eiche?
Die Eiche ist ein Baum, der nährt und durch seine Größe
den Schutz vor allem gibt.

Die Kastanie?
Die Kastanie ist ein Baum, der vor dem Negativen schützt.
Die Kastanie wehrt negative Schwingungen ab. Das ist
ihre Aufgabe.

Der Apfelbaum?
Der Apfelbaum ist zum einen der Nährende und zum anderen der Schutzgebende.

Die Birke?
Die Birke steht als Symbol für das fließende Wasser. Da
Birken sehr auf Wasser angewiesen sind, sind sie der Quell
des Lebens. Sie zeigen, wo die Quelle des Lebens steckt
und welches das irdische Leben symbolisieren soll.

Man kann sich ja vieles zusammenreimen.
Genau. Alles ist so einfach.

Die Seelenblume

Was ist eine Seelenblume?
Eine Seelenblume symbolisiert das, was sich für eine Farb-
vielfalt der Natur in der Aura der Seele widerspiegelt. Die
Blumen haben eine bestimmte Farbe. Und in der zugehö-
rigen Seelenblume spiegelt sich das Farbenspiel in der
Ausstrahlung der Aura wider.
Habt ihr eure Seelenblume in eurem Garten? Oder auf
dem Balkon? Oder auf der Terrasse? Oder auf der Fenster-
bank?

Ja und nein. Wächst nicht in der Höhenlage.
Also kannst du sie nur visualisieren? Es ist nicht schlimm.

Wofür steht die Rose?
Die Rose steht für Schönheit.

Auch für die Liebe?
Die Liebe muss nicht immer stachelig sein. Genauso kann
eine Margerite die Liebe darstellen. Genauso kann eine
weiße Lilie die obere göttliche Reinheit darstellen. Sie
kann aber auch schützen, da sie große Blätter hat. Die
höchste Blume ist die Lilie, nicht die Rose.

Die Sonnenblume?
Die Sonnenblume steht für die Fülle, Größe und Vielfalt
des Lebens.

Und die Wicke? Das ist ja eine Ranke.
Sie kann zum einen Schutz geben und zum anderen auch für die Schönheit stehen.

Ein wahrer Spiritualist

Du sagtest einmal, dass ein wahrer Spiritualist immer geschützt ist. Wie und was ist ein wahrer Spiritualist?

Ein Spiritualist ist ein Mensch, der in seinem irdischen Leben erkannt hat, seinen Weg auf dem göttlichen Pfad zu gehen. Er hebt sich nicht vor anderen Menschen hervor. In jedem Einzelnen ruht ein Teil des Spiritualismus, das heißt, die Verbindung zum Göttlichen. Ein Spiritualist geht seinen Weg immer zielstrebig, um mit sich, seiner Seele und dem Geist in Einklang zu kommen. Ein Spiritualist hat keinen Egoismus, ist hilfsbereit, ist für andere Menschen da, gibt Hilfestellung, ohne sich dabei zu profilieren.

Ein Spiritualist kennt seine Schwächen, kennt seine Fehler, bemüht sich, an diesen zu arbeiten, doch steht auch zu diesen und versucht, sie nicht vor seinen Mitmenschen zu verbergen oder zu verstecken. Ein Spiritualist lebt die Demut, das heißt aber nicht, dass er sich unterordnet oder sich erniedrigen lässt. Ein Spiritualist ist dankbar für jeden Tag, für jede Minute und Sekunde des Lebens. Er ist dankbar für die neuen Erkenntnisse, die ihm gezeigt werden oder in ihm reifen. Ein Spiritualist geht vorbildlich seinen Weg, ohne dabei erhaben zu sein, etwas Besonderes zu sein. Ein Spiritualist sucht die Verbindung zu Gott und Jesus Christus, entweder in einer Gemeinschaft, oder er tut dies allein, ohne dabei aber seinen eigentlichen, auch materiellen Weg zu vergessen. Das heißt, arbeitsam zu sein und für sein Leben auf diesem Planeten zu sorgen. Ein

Spiritualist geht nicht missionieren, sondern zeigt durch seine Gedanken und Worte, wo er seine Gefühle, seine Emotionen und seinen Standpunkt hat. Es gibt viele Menschen auf diesem Planeten, die nichts über das geistige Reich wissen, die es aber aus ihrem Grundprinzip her schon so leben. Die Tugenden eines Spiritualisten sind Gelassenheit, Geduld und Demut. Den Materialismus zu verfolgen, jedoch nicht nach Höherem zu streben und sich an irgendwelchen Dingen zu bereichern. Ein Spiritualist hilft Menschen, und sei es nur durch Zuhören, durch die Aufmerksamkeit, sei es auch nur ein Blick in die Augen von Seele zu Seele, von Geist zu Geist. Sei es eine Umarmung oder ein Händedruck.

Wenn ihr dies tut, löst ihr dort Energien aus, die uns von geistiger Seite helfen, den Schutzpatron oder die Geistführer zu aktivieren. So können sie helfen, Inspirationen zu geben. Der Schutzpatron trägt alle Informationen ins geistige Reich und gibt diese weiter. Ich weiß, dass es einigen nicht gutgeht, dass sie Sorgen haben, dass sie Probleme haben. Wir können nur Anleitungen geben: geht euren Weg weiter und bedenkt auch immer wieder, dass das Karma, sprich das Schicksal, euch immer wieder eure eigenen, auferlegten Prüfungen zeigt. Das heißt, wenn schwierige Zeiten kommen, verliert nicht das Vertrauen zu euch selber und zu Gott. Wenn Negativemotionen aufkommen oder Disharmonien entstehen, verliert nicht das Vertrauen, denn damit verliert ihr das Vertrauen zu euch selber. Ihr gebt euch in dem Moment auf. Ihr verlasst eure eigene Seele. Und dann seid ihr ungeschützt. Denkt daran, dass alles geführt wird, und dass ihr alle immer wieder von der geistigen Welt geschützt werdet.

Das sind schöne Anregungen. Wenn wir nur mehr Zeit hätten, diese umzusetzen.

Ein Spiritualist hechtet zum Beispiel nicht nach der Zeit, sondern er teilt sich die Zeit so ein, dass es immer wieder angenehm ist. Dass er auch in den ganzen Zeiten Phasen der Entspannung hat. Rennt nicht nach der Uhr, die Zeit kommt schon allein zu euch. Wenn ihr den Tag beginnt, begrüßt ihn fröhlich und fragt danach, was für eine neue Erkenntnis er euch bringt, was er für eine Bedeutung hat. Jeder Tag hat eine Bedeutung, jeder Tag bringt eine neue Erkenntnis. Jeder Tag bringt euch das Glück und die Zufriedenheit.

Was ist wahrhaftes Glück, Elias?

Fast jeder Mensch strebt nach Glück. Aber fast niemand weiß leider, was Glück in Wirklichkeit ist. Auch die größten Philosophen dieser Welt haben nicht erkannt, wie wichtig das Wissen über das Glück ist. Ich will euch etwas darüber sagen. Glück ist nicht substanziell, wie ihr vielleicht glaubt. Das Glück basiert auf dem Gefühl. Das so gesuchte Glück entsteht im Menschen selbst. Daher ist das Glück ein seelischer Zustand, der nicht an eine bestimmte Sache gebunden ist. Ein Glücksgefühl kann durch ganz verschiedene Umstände zustande kommen. Eine Geburt kann ein großes Glücksgefühl auslösen, mehr als ein hoher Gewinn in einer Lotterie. Ebenso kann die Rettung eines Menschenlebens ein weit höheres Glück bedeuten als ein wichtiges Amt mit Ruhm und Ehren.

Das höchste Glück, das zu erreichen ist, besteht in Zufriedenheit. Zufriedenheit heißt aber auch: Geborgenheit, Zuversicht, Liebe, Harmonie! Dazu braucht kein Mensch in der Lotterie zu spielen. Dieses Gefühl höchsten Glückes kann man nicht am Spieltisch erwerben. Wer die Wahrheit emsig sucht, der sucht auch gleichzeitig nach dem Glück. Es gibt nichts Schlimmeres als die Unzufriedenheit, denn sie macht krank und lasterhaft. Glückliche Menschen strahlen Harmonie aus, doch handelt es sich dann immer um eine Zufriedenheit? Es gibt Millionäre und Milliardäre, die sich alles leisten können. Aber es ist erwiesen, dass diese Menschen trotz ihres Besitzes nicht glücklich sind. Nicht der Besitz von Gütern macht den Menschen glücklich, sondern das Wissen um die universelle Wahrheit, denn diese Wahrheit garantiert dem Menschen universelle Liebe, das heißt, die Verbundenheit mit Gott und Seiner Hierarchie! Jeder Mensch weiß aus seinem Gefühl heraus, dass es wichtig ist, einen Freund zu haben, zu dem man Vertrauen haben kann. In der geistigen Welt gibt es viele Freunde, die man erwerben kann. Diese Freundschaften sind der Schlüssel zur Harmonie, zur restlosen Zufriedenheit, auch in den schwierigsten Situationen des Lebens.

Das Glück muss man suchen, man muss es sich aber auch verdienen. Die Wahrheit, die mit dem Glück so sehr identisch ist, wird, um ein irdisches Wort zu gebrauchen, fast »kostenlos« angeboten. Wenn man sich nicht darum kümmert oder sie ausschlägt, dann verzichtet man auf das höchste Glück, das man vom Universum, also von Gott angeboten bekommt! Menschen, die eine hohe Erkenntnis gewonnen haben und die einmal sterben, zeigen noch nach der Entkörperung auf ihrem Antlitz ein überirdisches Glücksgefühl. Wie viel anders sieht es aber bei den erkenntnislosen Menschen aus? Die Unzufriedenheit und die Glücklosigkeit stehen wie eine mahnende Schrift auf ihrem Gesicht geschrieben.

Ach, bitte, denkt doch mal über das Glück nach, das ihr so sehnsüchtig sucht. Ihr findet es ganz bestimmt, wenn ihr euch innerlich aufschließt und nicht an irrtümliche Dogmen und Meinungen glaubt. Das Glück ist eine innere Religion des Herzens. Das Glück ist reine Liebe, die man empfinden kann!

Wie bekommen wir am besten unsere Kraft zurück?
Indem ihr morgens vertrauensvoll um geistigen Schutz bittet, eure geistigen Führer aktiviert, das »Ich Bin Ich« lebt, sagt: »Ich bin ein Kind Gottes, ich lebe gern!«, und dann in den Tag geht. Und ihr glaubt gar nicht, je positiver ihr denkt, umso mehr Türen werden von uns aufgemacht, umso mehr bekommt ihr auch liebevolle Worte, umso mehr bekommt ihr auch Hilfestellungen, umso mehr habt ihr auch die Stärke, Entscheidungen zu treffen.

Es geschehen Dinge, die mich aus meinem inneren Gleichgewicht bringen. Was kann ich dagegen tun?
Wichtig ist, wenn negative Dinge von außen auf den Menschen zukommen, diese zunächst sofort abzublocken. Sind sie aber im Kopf bereits vorhanden, dann ist es wichtig, diesen Gedanken Einhalt zu gebieten, sie aus dem Kopf wieder herauszunehmen und sie fortzuschicken, und eben selber auf sich achten und in der Mitte bleiben, um wieder sein Gleichgewicht herzustellen. Dies geht nur mit Gedankenhygiene. Und beachtet immer wieder, dass ihr euch auf einem Läuterungsplaneten befindet. Das bedeutet, dass man bei einer Inkarnation nicht nur positive Anteile im Leben hat, sondern dass man sich eben auch mit den negativen Anteilen hier auf diesem Planeten auseinandersetzen muss. Wir können Dinge abwenden, wir können Geistwesen zur Verfügung stellen, die mithelfen, die Aura rein und klar zu halten. Aber es ist auch wichtig,

diese Erfahrungen für sein späteres, geistiges Leben im geistigen Reich, für seine eigene Seele zu machen. Und bei vielen von euch steht es auch im Karma geschrieben.

Hhm.

Wenn sich jemand entscheidet, auf diesem Planeten zu inkarnieren, so nimmt er Anforderungen und Aufgaben mit. Er trifft im geistigen Reich seine Entscheidungen, durch welche Wogen des Lebens er gehen möchte. Natürlich gibt es immer die negative Seite, die versucht, ein positives Leben zu zerstören. Doch wenn man diesen Weg geht, so ist es ja den meisten Menschen nicht bewusst, dass sie diesen Lebensweg so ausgesucht haben, um in ihrer eigenen Seele zu wachsen. Es ist wichtig, jeden Tag im Irdischen den Tag mit einem »Ja!« zu begrüßen, auch wenn man Husten hat, auch wenn der Bauch kneift, auch wenn die Beine nicht mehr so wollen, auch wenn es hier und da zwickt, auch wenn andere euch das Leben schwer machen, auch wenn ein eigener Unmut auftritt, weil man vielleicht eine falsche Entscheidung getroffen hat, oder, oder, oder. Und trotz alledem »Ja!« zu dem Tag zu sagen. Und sich bedanken, sich selbst an die Hand nehmen und in den Tag hineingehen. Es ist ein schwieriger Weg, aber die Unzufriedenheit, die Frustrationen, die Aggressionen, die Wut, alles entsteht in einem selber. Man selbst ist der Auslöser.

Was ist der Schlüssel, um positiv eingestellt zu bleiben?
Die Selbstliebe, die bedingungslose Selbstliebe. Egal, ob man jetzt klein oder groß, dick oder dünn ist. Nicht auf die äußeren Werte kommt es an, sondern auf die inneren

Werte. Fördert die Werte, die ihr bei euch selbst feststellt und die euch zu gering erscheinen. Und die nicht guten Werte gebt an die geistige Welt ab, damit wir sie in eine Lichtquelle umwandeln können, und damit eure guten und positiven Seiten noch besser strahlen und leuchten können. Das Licht ist der Ursprung aller Seelen. Alles Entstehende ging in die Welt hinaus, um sich entwickeln zu können, um dem Göttlichen wieder ins Licht folgen zu können.

Und wie wirkt es sich aus, wenn ich mein Vertrauen aufbaue?
Dies ergibt eine Vertrauensenergie, also das Vertrauen zu sich selber, ein Selbstvertrauen, ein Selbstwertgefühl. Dies kann natürlich nicht von heute auf morgen geschehen. Wichtig sind die äußeren Einflüsse, die tagtäglich auf einen einströmen, durch andere Menschen, Medien, Schwingungen, negative Einwirkungen. Diese alle aus seinem Vakuum des Seins, das heißt aus seiner Aura, herauszulassen. Ein inneres Selbstwertgefühl zu haben, auch sich vor den Spiegel zu stellen und zu sagen: »Ich bin schön.« Damit fängt es schon an. Und sich auch selber mal zu berühren. Sprecht mit der eigenen Seele. Damit fängt ein Selbstwertgefühl an, damit baut man ein Vertrauen zu sich selber auf.

In dem Moment, wenn man dies beginnt, lässt die geistige Welt Energien einfließen. Wenn man in seinem Berufsleben, in seiner schulischen Ausbildung, in seinem Beruf steht, seinen Beruf gern ausübt, Freude daran hat und weiß, dass man etwas kann, so baut man auch dort ein Selbstvertrauen auf. Dies hat aber nichts mit egoistischem Verhalten zu tun, sondern es ist eine gewisse Form des

Selbstschutzes. Dieser Selbstschutz bedeutet, seine Seele aufzubauen.

Ich habe ein schwieriges Gespräch vor mir, so dass ich das Gefühl habe, dass ich mich schützen muss. Was kann ich tun?
Wenn du auf die Person zugehst, dann wende positive Gedanken an. Sage gedanklich: »Meine Seele grüßt deine Seele.« Es ist für die Seele dieser Person wichtig. Sie empfängt dies, ohne dass sie es bewusst aufnimmt. Es geht dann nicht über ihren Kopf, sondern direkt an ihr Innerstes. Somit blockt man schon einmal Emotionen ab, und die Menschen reagieren dann ganz anders, entgegengesetzt zu ihrer eigentlichen gedanklichen Vorstellung.

Wie kann ich mich noch besser schützen?
Versuche, in dir selber deine Seele zu erkennen. Und sieh, welches wertvolle Juwel dies ist. Versuche, zu erkennen, wie liebenswert deine Seele ist. Durch Selbstvertrauen, Selbstliebe und Annehmen. Lasse die Seele in dir wachsen. Stelle dir immer eine große Sonnenblume vor oder eine Blume, die du gerne magst. Sie ist so versteckt in deinem Inneren, sie lebt nicht auf, sie hat keine Möglichkeit, zu leben. Mache morgens Übungen, z. B. die »Ich Bin Ich«-Übung und sage dir: »Ich bin ein Kind Gottes, ich bin wichtig auf diesem Planeten.«

Wir bitten euch einfach, uns im Leben zu begleiten und zu beschützen.
Wir können nicht alle Situationen abwenden. Es sind natürlich auch Prüfungen von euch, die ihr zu durchgehen habt. Es ist immer wieder so, dass wir zwar diesen Situatio-

nen gewachsen sind, der Mensch jedoch weniger mit seinen irdisch eingeschränkten Emotionen. Jeder Mensch wird immer wieder von der negativen Seite angegriffen. Behaltet eine konsequente, intensive, vertrauensvolle Verbindung zu uns, dem positiven geistigen Reich, und lasst euch nicht aus der Ruhe bringen. Denn ansonsten macht ihr die Türen für die negative Seite auf. Und dann wird es für uns schwer, diese negativen Dinge abzuwenden oder sie aufzuhalten, abzublocken oder sie ins positive Licht zu wenden. Dort spielt das absolute Urvertrauen zum Göttlichen, zu uns, eine ganz wichtige Rolle. Das heißt, wo immer negative Angriffe herkommen, die Gewissheit zu haben, dass Gottes Hand in eurer Nähe ist. Ihr braucht sie nur zu greifen. Greift ihr nicht nach der unsichtbaren Hand, nach der göttlichen Hand, das heißt zu dem göttlichen Urvertrauen, so seid ihr eine Zielscheibe für die negative Seite. Immer!

Überall, wo etwas Positives entstehen und wachsen soll, wird die negative Seite aufmerksam. Und auch dort werdet ihr dann in Prüfungen geführt, wo nicht wir im geistigen Reich sehen möchten, ob diese Prüfungen bestanden werden, sondern sie sind einzig und allein für eure seelische Entwicklung später im geistigen Reich maßgebend. Ihr habt euch die Prüfungen selbst ausgesucht.

Dies ist eine kostbare Belehrung.

Ja. Behält man sein göttliches Urvertrauen und lässt man sich auch führen, und nimmt man diese Hand, so wird eine unsichtbare Mauer zu diesem Negativen aufgebaut, und die Angriffe flachen ab. Diese Mauer wird dann so weit gestärkt, dass selbst die größten Negativangriffe abprallen und man in seinem geborgenen Schutz positiv wirken kann. Also, es liegt am Menschen selbst, inwieweit er diese unsichtbare Hand des Göttlichen nimmt, inwieweit er in sein ureigenstes Urvertrauen kommt. In etwas Ungewisses und Unsichtbares Vertrauen zu haben, das ist die größte Prüfung für eure Seelen.

Wie kann die positive geistige Welt den negativen Kräften entgegenwirken?
Wir können nicht mit den schlechten, abwertenden Waffen der negativen Welt kämpfen. Unsere Möglichkeiten sind beschränkt. Unser Schwert ist die Liebe, unser Schutzschild ist das positive Licht. Wobei die negative Welt andere Mittel und niederträchtigere Möglichkeiten hat, wo wir mit unserem Schutzschild, dem Licht, gegenübertreten und sie für eine gewisse Zeit abdrängen können. Wenn die Einstellung der Menschheit in jedem einzelnen Keim im Positiven wäre und bliebe, so wäre dies aus irdischer Sicht das größte Schutzschild des Läuterungsplaneten. Doch der Mensch neigt leider dazu, schnell in eine Negativfalle zu treten, sei es auf materieller, emotionaler oder fanatischer Ebene.

Was meinst du damit?
Nun, die Anstrengung der meisten Menschen liegt darin, ihren Vorteil, ihren materiellen Vorteil, egoistischen fanatischen Vorteil zu erzwingen. In jedem Menschen steckt davon ein Keim. Nennen wir es den Anteil des negativen Egoismus. Wenn er geboren wird, hat er diese Anteile noch nicht, sondern wird von den Menschen in seinem Umfeld geprägt. Und dann beginnt die Negativbeeinflus-

sung. Sensible, offene und sensitive Seelen sind dann in Gefahr, in dieses falsche Lebensbild hineinzurutschen, mit der festen Überzeugung, dass so alles richtig ist. Genauso gibt es Menschen, die in den Tag hinein leben und sich überhaupt keine Gedanken darum machen, wie die eigene Zukunft aussehen könnte. Diese verlassen sich dann auf andere Menschen oder auf uns, ohne eine eigene Kraftanstrengung an den Tag zu legen, um etwas zu erreichen.

Müsste es nicht Lehrer geben, die uns auf diese Ebene des Lebens vorbereiten, die uns überhaupt mal sagen, dass man sich schützen muss? Das war mir bisher total fremd.
Ja, dies müsste alles schon in der Schule erlernt werden. Würde es Lehrer geben, die in der spirituellen Richtung lehren dürften und könnten, so könnte das geistige Reich langsam das Negative verdrängen. Auf der anderen Seite ist dieser Planet ein Läuterungsplanet. Das heißt, er ist für die seelische Entwicklung im geistigen Reich eine Schule des Lernens. Jeder ist sein eigener Lehrer und sein eigener Schüler. Denn dann, wenn irgendwann die Seele ins geistige Reich zurückkommt, wird auch jede Seele sich selbst in die entsprechende Sphäre eingliedern, in die sie hineingehört. Um zu wachsen und so geschützt zu sein, ist es wichtig, auch mal mit sich als Lehrer selbst eine gewisse Form von Strenge zu haben. Strenge gepaart mit Konsequenz, Durchhaltevermögen, Disziplin, Offenheit und Ehrlichkeit. Und auf der anderen Seite als Schüler auch mal Fehler machen zu dürfen, mit sich selbst tolerant zu sein, auch mal ausgelassen zu sein. Aber immer gepaart mit dem Lehrer.

Ich hatte letzte Woche viel Stress. Wenn ich in mir Selbstvertrauen aufbaue, kann ich mich dadurch besser schützen?

Ist das Selbstvertrauen da, dann ist die eigene Energie richtig im Körper verteilt. Selbstvertrauen, Selbstliebe, Selbsterkenntnis, Vertrauen zu dem, was man gelernt hat. Wenn du dies aufbaust, wiegt dies natürlich den Stress auf. Und somit lässt sich der Stress abbauen, der dann auch nicht mehr der Maßstab ist und auch gar nicht mehr in dieser Form gesehen wird, weil das Selbstvertrauen ja da ist. Somit kannst du besser mit Stress umgehen. Letztendlich, was ist überhaupt Stress? Stress gibt es gar nicht. Er wird nicht ausgelöst, sondern man selbst produziert ihn. Und wenn man diese Türen öffnet und Stress produziert, so hat man ihn natürlich auch.

Dann habe ich mich doch bei meiner Arbeit nicht richtig geschützt?

Das hat mit dem Schutz nichts zu tun. Du lässt den Stress zu, du produzierst ihn selbst. Wenn man sich schützt, dann schützt man sich gegen Negativschwingungen von außen, die haben aber nichts mit Stress zu tun. Schützen muss man sich vor Negativangriffen, die über Schwingungen von deinen Vorgesetzten, Kollegen und Mitarbeitern auf dich übertragen werden können. Diese Schwingungen werden durch einen guten Schutz aber abgeblockt.

Ich habe oft Kopfschmerzen. Schütze ich mich nicht richtig?

Bei dir sammelt sich die falsche Energie, die dort nicht hineingehört. Es ist die verbrauchte Energie, die du auch von Menschen aufnimmst. Es ist nichts Negatives. Und du bist ein offener Kanal. Und wenn du selbst keine Energie mehr hast, dann tut es bei dir im Kopf weh. Also, immer wieder die Chakren schließen, sich schützen, zumachen, eure Energie in euch behalten und die Energie fließen lassen.

Ich glaube an euch, aber mein Leben ist sehr chaotisch. Was soll ich tun?

Auf der einen Seite können wir immer nur wieder sagen: seid wachsam und aufmerksam. Seid vorsichtig, aber ihr müsst bestimmte Erfahrungen sammeln. Wenn man sich mit der geistigen Welt auseinandersetzt, kann trotzdem nicht alles immer harmonisch ablaufen. Würden wir jeden Einzelnen abschützen und nur noch auf der absoluten positiven Lichtseite haben, so würdet ihr euch nicht weiterentwickeln.

Wenn jemandem etwas geschieht, so können wir dies nicht immer verhindern. Es kann in eurem Schicksal geschrieben sein, es kann die innere Entscheidung gewesen sein. Wenn natürlich Neid, Missgunst, Disharmonie in eurer Seele zu groß werden, dann ist es wichtig, Entscheidungen zu treffen. Trefft diese dann aus eurem Gefühl. Stehen Veränderungen im Leben an, große, wichtige Veränderungen, so greift auf euer Urvertrauen zurück. Vergesst nicht, ihr werdet in diesen Momenten immer begleitet und beschützt.

Ist man mit einem starken Egoismus eher angreifbar?

Es ist wichtig, mit dem Egoismus, den jeder in sich trägt, richtig umgehen zu können. Der positive Egoismus schützt euch, der negative Egoismus ist zerstörerisch. Er zerstört einen Seelenanteil und auch die Liebe zu seinen

Mitmenschen. Denn wenn man diesen Anteil wachsen lässt und sagt, es ist mir egal, was mit anderen Menschen passiert, und nur sich selbst sieht, fällt dieser Teil im negativen Sinne wieder auf einen selbst zurück. Deshalb ist es ganz wichtig, auf seinen positiven Egoismus zu achten. In einer Bescheidenheit zu bleiben, Demut, Gelassenheit und in Ruhe zu sehen, was die Seele möchte. Dies ist ganz wichtig, um für sein irdisches Fortkommen auf der materiellen Ebene, aber auch für den spirituellen Anteil der eigenen Seele etwas zu tun. Die Augen sind der Spiegel der Seele. Schaut öfters in den Spiegel, schaut euch öfters an und lernt, euch anzunehmen, so wie ihr seid, so wie ihr ausseht, ihr seid alle lichtvolle Wesen. Wenn man dies in sich trägt und weiß, dass man von seinem Schutzpatron und Geistwesen begleitet wird, so ist es richtig und wichtig für das eigene, seelische Empfinden und für das spirituelle Wachstum. Nur so kann dann auch etwas zu einem kommen, und nur so kann man dann auch wieder Türen öffnen, so dass wir von geistiger Seite aus dem einen oder anderen helfen und ihn schützen können.

Meine Augen strahlen aber nicht immer, und trotzdem geht es mir recht gut.
Die Augen strahlen immer, wenn du eins mit dir bist. Dann kannst du auch die Liebe, die wahre göttliche Liebe weitergeben. Das irdische Leben ist sehr einfach. Nur der Mensch, durch seine Denkstrukturen, macht es sich selbst schwer, weil ständig eine Unzufriedenheit der Begleiter ist. Der Mensch ist unersättlich. Hat er das eine erreicht, möchte er das Nächste auch ganz schnell erreichen. Ist

dies erreicht, wird wieder das Nächste angesteuert usw. Wird es nicht sofort erreicht, kommt die Unzufriedenheit, kommen die besagten Steine in den Weg, und dadurch die nächste Unzufriedenheit. Der Mensch ist niemals einen ganzen Tag lang glücklich. Er ist selten einfach nur mal mit seiner Lebenssituation zufrieden.

Immer wieder die Zufriedenheit.
Nicht nur die Zufriedenheit. Seht auch mal die Freude in eurem Leben. Was wäre der Mensch, wenn er sich nicht über etwas freuen kann? Die Freude ist ein Elixier des Lebens. Sie ist eine Kraftquelle von außerordentlicher Bedeutung. Freude schützt euch. Es gibt jedoch viele Menschen, die sich nicht ständig über etwas freuen können. Diese sind leider selbstverschuldet krank. Unzufriedenheit und Disharmonie zerstören die Gesundheit. Es wäre sehr gut, wenn die Ärzte Freude verordnen könnten. Seelische Leiden, vor allem Unausgeglichenheit, greifen auch auf den leiblichen Organismus über. Zuerst wird der Magen und dann die ganze Verdauung angegriffen. Nach und nach wird der ganze Kreislauf gestört, und nun ergeben sich diverse Krankheiten. Der Arzt stellt diese oder jene organische Erkrankung fest, aber er schweigt über die Ursache, weil er sie selbst nicht kennt. Nun seht ihr, dass ihr eure Gesundheit ziemlich in der Hand habt. Die Medizin zur Heilung oder zur Verhütung ist billig. Es gibt Menschen, die sich über jede Kleinigkeit aus tiefstem Herzen freuen können. Aber heute ist es leider schon so, dass sich die Kinder wirklich kaum über etwas freuen können, darum erkranken sie bereits in jungen Jahren.

Erwachsene rasen mit ihren Autos durch viele Länder dieser schönen Erde, aber sie empfinden keine Freude. Sie sind bereits gegen jedes Freudengefühl abgestumpft. Es bleibt zu untersuchen, welche Ursachen zu einer solchen Gefühllosigkeit geführt haben. Wichtig ist die Feststellung, dass es ohne wahre Freude kein vernünftiges Erdenleben gibt. Wenn der Mensch überaus anspruchsvoll ist, so beraubt er sich der Freude. Sein natürliches Empfinden ist gestört, und er muss damit rechnen, dass er nach und nach krank wird. Eine Bescheidenheit ist daher etwas Gutes, denn sie heilt! Wie wichtig die Gesundheit und die damit verbundene Freude sind, kann jener ermessen, der bereits krank ist und in den Warteräumen der Ärzte verweilt. Ich gebe euch den guten Rat, seid vorsichtiger in euren Überlegungen, und bedenkt eure Wünsche. Mit einiger Übung kann man sich über Kleinigkeiten ebenso freuen wie über eine große Sache. Es kommt nur darauf an, wie man es betrachtet. Geht nicht achtlos an der großartigen Schöpfung vorüber. Achtet auf die kleinsten Dinge, denn diese offenbaren euch wunderbare Erkenntnisse und Einsichten. Gebt acht auf das Licht, auf die Farben in der Natur. Schon ein Sandkorn birgt ein großes Mysterium. Man muss nur mit der ganzen Konzentration des Geistes alle Dinge betrachten. Glaubt ihr, dass es Millionäre gibt, die noch ein echtes Gefühl der Freude und Zufriedenheit haben? Die reichsten Leute sind meistens unglücklich und obendrein krank. Kein Arzt kann ihnen wirklich helfen, weil sie keine Freude empfinden können. Diese Menschen sind ständig auf der Suche nach Glück, obwohl sie unermesslich reich sind. Das Glück liegt aber in der Freude, doch man muss diese Freude empfinden können. Erzieht euch mehr zur Freude an kleinen Dingen. Wenn ihr das Glück und die Zufriedenheit sucht, sucht nicht in der Welt herum, denn das Glück findet ihr in euch selbst, wenn ihr euch dazu erzieht, euch an positiven Kleinigkeiten erfreuen zu können.

Der Geburtstag

Ich möchte einige Worte über den Geburtstag sagen, denn die Freude über das irdische Dasein ist wichtig und mit der beste Schutz, den es gibt. Nicht nur, dass die Freude über die Inkarnation Geist und Seele und Körper verbindet, sondern auch den Teil im geistigen Reich. An eurem Geburtstag tritt nur ein Teil der Seele in das irdische Dasein. Der größere Teil, sieben Achtel, das höhere Selbst, bleibt im geistigen Reich und hat somit ebenfalls Geburtstag. Denn auch dort ist an jenem Tag der Inkarnation eine Entwicklungsstufe erreicht. Der Tag der Inkarnation ist etwas Besonderes. Man tritt für das göttliche Sein in eine feste Materie und lässt einen Teil seiner Selbst im geistigen Reich. Man vollzieht eine Trennung seines eigentlichen Zuhauses und nimmt Strapazen, Anforderungen, Niederschläge, Rückschläge, negative Belastungen und vieles andere in Kauf. Beglückwünscht euch selbst, dass ihr den Mut hattet, auf der Erde zu inkarnieren. Wir von geistiger Seite aus feiern mit dem Teil der Seele im geistigen Reich und stellen an diesem Tag zu den Menschen, die dem Positiven offen gegenüberstehen, eine Verbindung her.

Die Freude-Übung

Ich gebe euch eine kleine Übung: Stellt euch vor, ihr hättet Grund, euch auf etwas zu freuen, und steigert diese Freude immer weiter. Wenn euch nichts einfällt, dann stellt euch vor, dass wir da sind und euch helfen wollen. Probiert es einmal vor dem Einschlafen aus. Es wird zwar nicht leicht sein. Doch nach einiger Übung wird es euch gelingen, denn wir werden euch stets dabei helfen. Wichtig sind aber die Freude und die Zufriedenheit, denn das sind wertvolle Heilfaktoren. Versucht immer, daran zu denken, ihr hättet allen Grund, euch zu freuen. Oder denkt daran, dass wir es so gut mit euch meinen, dass wir euch wahrnehmen und um euch sein können. Und dass wir eure Nöte und Wünsche kennen. Wichtig dabei ist, dass tatsächlich ein Gefühl der Freude in euch aufkommt, sei es auch nur für wenige Minuten. Wenn dieses Gefühl bei euch aufkommt, ist es für uns leichter, auf euch einzuwirken, und dann kann es geschehen, dass wie ein Blitz aus heiterem Himmel ein wunderschönes Glücksgefühl in euch aufsteigt. Erst einmal. Gelingt es euch öfter, dann ist die Verbindung zwischen euch und uns sehr gut. Ihr werdet euch über diesen Kontakt mit uns freuen.

Susanne, wie sieht dein Seelenhaus aus?

Also, es ist immer noch ein Holzhaus. Ich habe es schon lange nicht mehr angeguckt. Aber ich würde sagen, es ist vor dem Haus keine grüne Fläche mehr, sondern jetzt stehen dort mittlerweile Bäume und Blumen, und einen Zaun habe ich auch. Ich weiß nicht warum, aber ich habe es mit Zäunen.

Wahrscheinlich für die Sicherheit der Pferde.

Genau. Das ist es. Es ist auf jeden Fall ganz hell, und es hat, glaube ich, keinen Keller. Ansonsten Erdgeschoss, erste Etage und Dach. Und natürlich ganz große Fenster. Aber nur unten große Fenster. Oben ein bisschen kleinere. Und es steht alleine.

Wie sieht dein Seelenhaus aus, Markus?

Ich habe ein Fachwerkhaus. Zu Hause habe ich ein anderes Haus. Ein Fachwerkhaus mit grüngestrichenen Balken und weißen Zwischenräumen aus Werk und Lehm. So wie es früher üblich war. Das Dach ist mit schwarzen Ziegeln gedeckt. Die Fenster sind vielfältig, also häufig aber relativ klein. Warum weiß ich nicht. Es steht in einer schönen Landschaft mit einem weiten Blick in die Gegend. Und es ist innen warm und freundlich eingerichtet.

Robert, wie sieht dein Seelenhaus aus?

Ich muss sagen, ich habe mir mein Seelenhaus bewusst noch nie so richtig angesehen. Ich versuche, mich mal über meine Empfindungen ihm zu nähern. Also ich liebe immer den Blick in die Ferne. Ich vermute mal, dass das Haus klein ist, weil ich mich in großen Räumen nicht wirklich wohl fühle. Ich würde auch mal denken, dass es aus Holz ist. Kamin sicherlich auch. Bücher. Nachdem ich zu Hause immer die Ordnung pflege oder zumindest suche, sieht es innen ziemlich chaotisch aus, was meine Gefühle oder mein Seelenleben angeht. Und da ist, wo genau weiß ich nicht, die Unordnung im Keller oder im ganzen Haus insgesamt. Die Ordnung fehlt dort sicher.

Julia, wie sieht dein Seelenhaus aus?

Mir geht es ähnlich wie Robert. Ich habe mir das bewusst nicht vorgestellt bisher. Kann man ein Seelenhaus auch im Traum sehen?

Ja.

Dann weiß ich nicht, ob das mein Seelenhaus war, was ich irgendwann mal in einem Traum gesehen habe. Dies würde mir nicht so gut gefallen. So vom Gefühl her würde ich mir ein kleines Steinhaus wünschen mit ganz viel Efeu und Bewuchs von außen, und so einen kleinen wilden Garten. Aber das Haus war leider ein Neubau. Es stand auch mit anderen Häusern und es war ganz mit Licht durchflutet. Riesige Fenster, aber es war leer. Komplett leer. Ich habe auch nur das Erdgeschoss gesehen in dem Traum.

Versuche aber mal außerhalb des Traums in dieses Seelenhaus zu gehen. In einer Meditation oder auch, wenn du dich ruhig hinlegst.

Ihr seid auf die Erde versetzt, um eine Aufgabe zu erfüllen. Ihr seid alle ewige Pilger auf einem ewigen Marsch. Eure Ausrüstung müsst ihr mit Vernunft wählen. Gesunder Menschenverstand und Intelligenz leite euch. Teile eures Rüstzeuges findet ihr in vielen Büchern und in vielen Leben. Deshalb solltet ihr nur das wählen, was Anziehungskraft auf euch ausübt. Ihr solltet nicht deshalb etwas annehmen, weil irgendjemand gesagt hat, es sei gut, weise und heilig. Nichts sollte aus dem Grunde verehrt werden, weil es euch auf eurer Erdenreise helfen kann. Das ist es, was ich euch zu beherzigen empfehlen kann. Nehmt das an, was eurem Urteilsvermögen zusagt, auch wenn ihr es später wieder beiseitelegt, wenn ihr mehr Wissen erlangt habt. Beschränkt euch nicht auf ein Buch oder auf einen Lehrer.

Seelengedanken der geistigen Welt

Wenn ich Gott suche, dann muss ich meinen Horizont öffnen und in alle Richtungen schauen und auch in alle Religionen hineinschauen. Und auch in alle Länder hineinschauen und alles miteinander vergleichen. Gott hat überall einen Teil von sich hinterlegt. In jedem Menschen. Und alle diese Teile müssen geschützt werden.

Wir bedanken uns für eure Aufmerksamkeit und wünschen euch das göttliche Licht auf euren Wegen, viel Licht in euren Herzen, nehmt euch selber in den Arm und denkt daran, ihr seid liebenswerte Geschöpfe Gottes.

Stellt euch immer wieder in göttliches Licht und unter den göttlichen Schutz. Bittet um göttliche Führung, und wisst, dass ihr immer von positiven Geistwesen umgeben seid.

Und vergesst eines nicht: das Lachen. Lachen ist Balsam für die Seele.

Die Seele wächst durch die Widerwärtigkeiten des Lebens, denn bedenke: Ein Edelstein wird erst durch die Bearbeitung wertvoll!

❧

Die Liebe ist der Schlüssel zu allen Mysterien des Alls.

❧

Wer schon in Gedanken an einem anderen Kritik übt oder ihn beleidigt oder kränkt, der verwundet dessen Seele.

❧

Die Wahrheit entwickelt in dir unvorstellbare Kräfte, die jeden Kummer überwinden!

❧

Lehne alles ab, was deiner Vernunft nicht zusagt, weise alles **zurück**, was dir fremd erscheint.

❧

Betrachtet einmal eine einzige Blume als ein Geschenk Gottes. Ich sage euch, sie ist überaus wertvoller als das teuerste Auto!

Wer Interesse an einem kostenlosen Probeprotokoll einer medialen Sitzung des Spirituellen Forschungskreises e. V., Bad Salzuflen hat, melde sich bitte bei uns im Verlag. Wir senden es gerne zu.

Auch Informationen zu den Lebensschulen, die auf den Lehren von Elias aufgebaut sind, oder eventuelle Ansprechpartner in ihrer Nähe können wir Ihnen mitteilen.

Bergkristall Verlag GmbH
Krumme Weide 30, 32108 Bad Salzuflen

Das kleine Buch vom Schutz der Seele ist auch als Hörbuch erschienen:

Das kleine Buch vom Schutz der Seele
Hörbuch 2 CDs – 124 Minuten – Martin Fieber (Hrsg.)
gelesen von *Michaela Merten* und *Pierre Franckh*
ISBN 978-3-935422-64-2
Michaela Merten und Pierre Franckh machen dieses Hörbuch zu einem Ereignis. Genießen Sie es und lassen Sie sich überzeugen, wie wichtig der Schutz der eigenen Seele wirklich ist.

Weitere Bücher von Elias:
• *Bleibe der, der du bist, aber wachse!*
  Martin Fieber (Hrsg.) – 192 Seiten – ISBN 978-3-935422-42-0
• *Dein Seelenbuch – das wichtigste Buch deines Lebens*
  Martin Fieber (Hrsg.) – 192 Seiten – ISBN 978-3-935422-40-6
• *Das Geistige Reich*
  Martin Fieber (Hrsg.) – 240 Seiten – ISBN 978-3-935422-09-3
• *Das Geheimnis unserer Gedanken*
  Martin Fieber (Hrsg.) – 160 Seiten – ISBN 978-3-935422-10-9
• *Reinkarnation und Religion*
  Martin Fieber (Hrsg.) – 320 Seiten – ISBN 978-3-935422-11-6

Die Blaue Reihe, jeweils Martin Fieber (Hrsg.):
• *Band 1: Jesus Christus*
  80 Seiten – ISBN 978-3-935422-01-7
• *Band 2: Das Sterben*
  160 Seiten – ISBN 978-3-935422-02-4
• *Band 3: Die Stimme Gottes*
  64 Seiten – ISBN 978-3-935422-03-1
• *Band 4: Die mediale Arbeit*
  176 Seiten – ISBN 978-3-935422-04-8
• *Band 5: Der Schöpfer – Der Widersacher*
  160 Seiten – ISBN 978-3-935422-05-5
• *Band 6: Die Seele – Der Schutzpatron*
  128 Seiten – ISBN 978-3-935422-06-2

- *Band 7: Krankheit, Heilung und Gesundheit*
  176 Seiten – ISBN 978-3-935422-07-9
- *Set »Die blaue Reihe« – Band 1 bis 7*
  944 Seiten – ISBN 978-3-935422-29-1

Unser Gesamtprogramm finden Sie unter
www.bergkristall-verlag.de

Bergkristall Verlag GmbH
Krumme Weide 30 • 32108 Bad Salzuflen
Tel. 0 52 22-92 34 51 • E-Mail: info@bergkristall-verlag.de